洋経済

大転換の商社ビジネス

伊藤忠商事
三井物産
三菱商事
住友商事
丸紅

週刊東洋経済eビジネス新書　No.385

大転換の商社ビジネス

本書は、東洋経済新報社刊『週刊東洋経済』2021年6月5日号より抜粋、加筆修正のうえ制作しています。情報は底本編集当時のものです。（標準読了時間　90分）

大転換の商社ビジネス　目次

・激変する商社ビジネス……1
・【伊藤忠商事】退路なきファミマの再生……7
・CITICに残る不安……13
・INTERVIEW「資源頼みでは株上がらへん」（伊藤忠商事 会長CEO・岡藤正広）……15
・INTERVIEW「マーケットインで組織を変える」（伊藤忠商事 社長COO・石井敬太）……22
・【三井物産】資源一本足脱却へ種まき……27
・ロシアに入れ込む三井……33
・INTERVIEW「責任あるエネルギー転換を担う」（三井物産 社長・堀 健一）……35
・【丸紅】「未来の食」に布石を打つ……39
・INTERVIEW「1個の大型案件より100個の稼ぐ案件」（丸紅 社長・柿木真澄）……44

・【三菱商事】「盟主」奪還へ再エネ倍増……46
・エネコが占う次期社長……52
・INTERVIEW「社員全員の意識を変える」（三菱商事 社長・垣内威彦）……54
・【住友商事】次世代通信で赤字から反攻……59
・INTERVIEW「同じ轍は踏まず確かな収益を出す」（住友商事 社長・兵頭誠之）……64
・商社の石炭事業に厳しい視線……66
・ESGが5社の格差を広げる……70
・ますます際立つ商社の社風と実力……79
・激変する商社員のキャリア……94
・OB起業家から提言「商人なら外に飛び出せ！」……108

激変する商社ビジネス

　コロナ禍という異常事態の下、2021年5月上旬に出そろった5大商社の3月期本決算は明暗が分かれた。

　商社業界の盟主である三菱商事は、豪州原料炭事業の不調やローソンの減損などで純利益1725億円と前年同期比7割弱の大幅減、4番手に陥落した。住友商事はアフリカのニッケル鉱山をはじめとした複数大型案件の減損損失で、過去最大となる1530億円の最終赤字に転落。一方、かつて万年4位といわれた伊藤忠商事が純利益と時価総額で初の商社トップに浮上。不動とみられてきた5社の序列が大転換を見せている。

　もっとも、22年3月期は足元で歴史的な高値をつけている鉄鉱石、銅市況などを追い風に、各社とも業績のV字回復を見込む。カネ余りと業績回復への期待で、足元の5社合計の時価総額は2008年リーマンショック直前の水準に並ぶ18兆円台に乗せる。

だが、各商社のトップに高揚感はない。伊藤忠の岡藤正広会長CEOは「得意の時こそ危ない。業績がよくなると、すぐ慢心してずっこけるのが伊藤忠の歴史」と社内を引き締める。

資源高再来を追い風に、今期最高益を計画する三井物産の堀健一社長は、「鉄鉱石価格は歴史的に見て正常な価格水準に回帰していく」と冷静に分析。業績計画は保守的に設定する。

22年3月期は三井物産と伊藤忠が鉄鉱石で稼ぐ一方、豪中関係悪化に伴う原料炭価格の低迷を受け三菱商事の利益回復は鈍い。総合商社の業界序列は、一言でいえば保有する資源の相場次第だ。

「景気の振幅を超えて、有意な規模での持続的な成長が、アフターコロナの世界においても見えてこない」（SMBC日興証券の森本晃シニアアナリスト）。成長期待の低さを見透かされ、多くの企業でPBR（株価純資産倍率）1倍割れが常態化している。これこそ総合商社の最大の課題といえる。

さらに足元では、ESG（環境・社会・企業統治）投資への対応が課題だ。持続的成長と高配当を同時に求める機関投資家の声は、商社の経営に大きなプレッシャーとなっている。投資家による脱炭素の要求を受け、各社が世界各地で手がけてきた一般炭や石炭火力発電事業は撤退を迫られている。

また民衆弾圧を強めるミャンマー国軍と日本の商社のつながりには人権団体などから厳しい視線が向けられている。商社の海外ネットワークはその広さ、深さゆえにさまざまなリスクを抱えている。

3度目の転換へ

一方、総合商社には大きな時流の変化に応じて、アメーバのように業態を変えながら生き残ってきた歴史がある。1990年代の終わりから2000年代初頭までの金融危機で迎えた商社冬の時代には、従来のトレーディングから事業投資に転換。これは事業会社や資源権益に投資を行うモデルで、中国の資源爆食によるバブルも重なり巨額のリターンを得た。

市況急落により三菱商事と三井物産が戦後初の赤字に転落した16年3月期の「資源ショック」においては、各社市況に左右されない事業ポートフォリオへの転換を宣言。その転換はいまだ途上ながら、資源から非資源へ投資や事業構成の軸を変える動きは続いている。

足元では急速な外部環境の変化に対応する動きも出てきた。三菱商事は20年に5000億円を投じて再生可能エネルギーの発電・販売を手がける蘭エネコを買収。欧州で先行する洋上風力のノウハウを吸収し、エネルギー移行期をビジネスチャンスと捉える。

伊藤忠はエース社員を投入した新組織「第8カンパニー」を使い、20年8月に5000億円超を投じてTOB（株式公開買い付け）をしたファミリーマートのデジタル化を支援。主力事業の立て直しを急ぐ。三井物産は引き続き資源事業の競争力強化を進めるほか、宇宙事業をはじめフロンティア領域にも若手社員を投入する。

住友商事は、得意のケーブルテレビ事業を起点に5G分野に進出。丸紅はサーモンの陸上養殖や植物肉など環境に配慮した食料分野での付加価値ビジネスを開拓する。近年、大型投資に失敗したこの2社は、その教訓を生かす姿勢を鮮明にし看板事業の磨き上げにかかる。

トレーディングから事業投資へ、そして資源から非資源へ。これに続く3度目の大転換はあるのか。上位3社と下位2社の差が鮮明になってきた勢力図が再び塗り替えられる日は来るのか。商社ビジネスの最前線を追った。

（秦　卓弥）

資源市況で乱高下！
5大商社の純利益と時価総額の推移

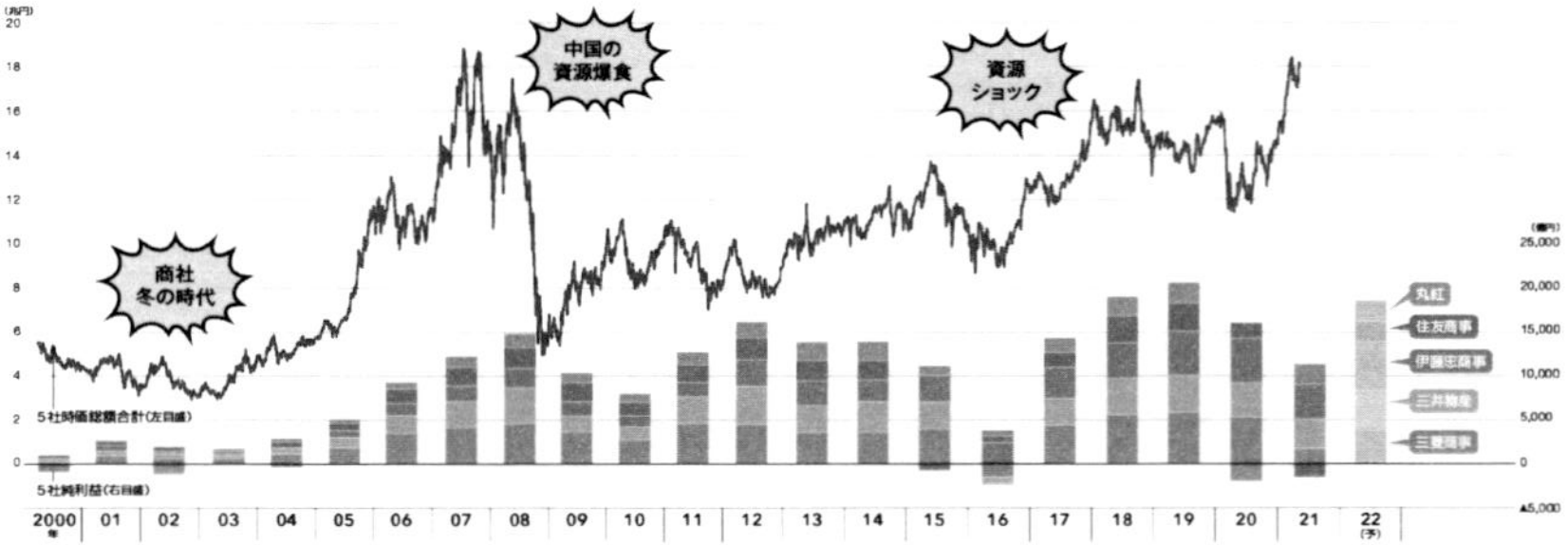

【伊藤忠商事】退路なきファミマの再生

「われわれはファミリーマートの非上場化で『大きな川』を渡った」。そう語るのは伊藤忠商事で「第8カンパニー」のプレジデントを務める加藤修一・執行役員だ。

第8カンパニーとは、2019年7月に伊藤忠社内に新設された営業組織。四十数名のメンバーは、伊藤忠にある7つの営業部門（カンパニー）から選ばれたエース人材だ。顧客のニーズを起点に商品やサービスを提供する「マーケットイン」の実例を打ち立てるのが、岡藤正広会長CEOから課されたミッションである。

そして、ファミマはその主戦場だ。所管するカンパニーも食料から第8に移管された。初代プレジデントの細見研介氏は21年3月にファミマ社長に就任した。岡藤会長の「懐刀」といわれ、将来は伊藤忠の社長候補と目される人物である。

伊藤忠は20年夏に行ったTOB（株式公開買い付け）で、それまで50・1％だったファミマ株の保有比率を94・7％に引き上げ、非上場化させた。その際5169億円の巨費を投じたが、これまでも出資比率を上げていく過程で3000億円強をファミマにつぎ込んできた。巨額を投じた非上場化は、退路を断ってファミマを再生する決意の表れだ。

加藤氏は伊藤忠が背水の陣を敷いた理由について、「少数株主の意向を気にすることなく、ファミマの構造改革を徹底的に行うためだ」と説明する。

■ 業績ピークアウト時にTOB
—ファミリーマートの業績と伊藤忠商事の出資比率の推移—

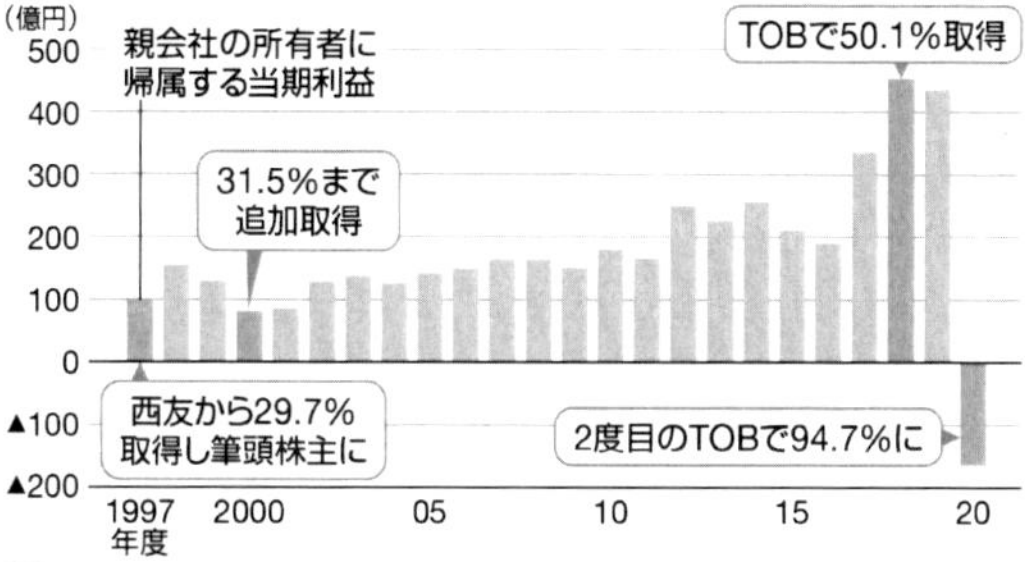

(注)2017年度に日本会計基準からIFRSへ移行。16〜18年度はユニーグループの買収・売却が影響。▲はマイナス

新たに広告と金融へ展開

ファミマはサークルKサンクスとの統合の結果、店舗数はセブン‐イレブンに次ぐ業界2位となった。だが店舗網や弁当など中食工場の配置が非効率になったうえ、コンビニ市場が飽和する中で成長に行き詰まっている。このファミマの再生こそが、伊藤忠が得意としてきた生活消費分野ビジネスの将来を左右する。

ファミマを含めた生活消費分野で、「成長の種」と伊藤忠が位置づけるのは顧客データだ。1日1500万人の顧客が訪れるファミマ店舗をデータ収集と活用の基盤とする。伊藤忠の石井敬太社長は、「25～26年には『次世代デジタルコンビニ』の形が見えてくる。消費データや生活パターンのデータを持ち、的確なときに的確なものを顧客に売る」と話す。

ファミマを用いての新たな収入源として期待されるのが、広告と金融の領域だ。広告事業では、NTTドコモとサイバーエージェントにも出資してもらい、20年10月に新会社データ・ワンを設立した。ファミマのアプリである「ファミペイ」利用者の属性や購買データ、ドコモの持つ「d払い」や位置情報のデータなどを組み合わせ、顧客のスマホなどにその人の嗜好に合った広告を流していく。

金融事業で大きな役割を果たすのは、直近でダウンロード数が800万を超えたファミペイだ。アプリには決済機能が搭載されており、飲食チェーンやドラッグストアなど、ファミマ以外でも使える店舗を増やしている。21年夏には後払いとローン払いのサービスを開始予定で機能拡充を進めている。

伊藤忠では、22年2月期のファミマの当期利益のうち310億円を取り込めると見込んでおり、その額を早期に600億円へと引き上げたい考えだ。このうち金融分野の収益貢献は大きいとみる。

狙うのはファミマの再生だけではない。加藤プレジデントは第8カンパニーとして「ファミマの成長をアシストするほかに、今後3年間で10億円以上の利益を生む事業を3つ、4つつくりたいという思いでやっている」と力を込める。

ただ足元のファミマは、コンビニ事業そのものを強化しなければいけない段階だ。そこで20年度に行ったのが433億円にも上る店舗関連の減損処理だった。コロナ禍を織り込んで一気に減損を計上した結果、当期利益は164億円の大赤字に転落したが、21年度以降は減損で償却負担が軽減されることにより店舗の収支が改善する。

「ファミマは売上高の落ち込みが激しい都心の店舗が多いのでどうしようもない」。コロナ禍が始まって以降、ファミマ社内では諦めに近い空気が流れていた。だが減損を機に、「利益を出せる水準にまで固定費を下げたので、今後は言い訳無用」と、経営陣は売上高回復に向けてハッパをかけている。

2024年3月期までの新中期経営計画で、純利益6000億円という商社業界で未到の目標を掲げた伊藤忠。しかし新規事業として期待を寄せる広告や金融事業も、ファミマの本業がおぼつかないのでは絵に描いた餅にすぎない。コンビニは小売業かつフランチャイズビジネスという、商社とはまったく異質の世界だ。単なる商品供給以上の機能をいかに発揮するか。伊藤忠の底力が試されている。

（遠山綾乃、大塚隆史）

CITICに残る不安

連結純利益と時価総額で初の商社トップに立った記念すべき日。2021年3月期の単体決算は意外にも713億円の最終赤字だった。単体最終赤字は実に17年ぶり。その原因は、15年に6000億円もの巨額資金を投じた中国の国有複合企業CITICに関わる損失にある。

取得時、13・8香港ドルだったCITIC株は、21年3月末時点で7・36香港ドルに下落。単体決算は日本会計基準のため時価評価で2427億円の特別損失を計上。一方CITICの業績は、「6期連続増益で好調」（鉢村剛CFO）と、国際会計基準の連結決算では減損テストをクリアした。

異次元投資から6年、伊藤忠商事はCITICから年間700億円余りの利益を取り込む一方、当初の目的だった提携案件創出には苦心している。資金を入れるだけの純投資では、コントロールが難しい中国の国有企業の成長に依存してしまう。単体決算は伊藤忠の不安要素を示している。

「資源頼みでは株上がらへん」

伊藤忠商事　会長CEO・岡藤正広

純利益、株価、時価総額の3つで商社トップになる「三冠」の悲願を達成した伊藤忠商事の岡藤正広会長CEO。今、商社の将来像をどう見ているのか。

――商社を取り巻く環境が大きく変わりつつあります。

ゴルフの松山英樹選手がマスターズで優勝したけど、彼はゴルフ界をこう変えようみたいなことよりも、連覇しようとか別の大会でも勝とうということを考えるわけやろ。われわれも同じじゃ。

業界で1番になったことで、今後のビジョンをよく聞かれるようになった。でも、そういうときこそ危ないんや。もともと商社はメーカーのように自分で新たな流れをつくっていくような業種やない。

世の中の大きい流れをよく見て、そこに商機を見つけるのが商社や。それをせずに、自分たちが世の中の流れをつくるような錯覚に陥ったらえらいこっちゃ。10年先のことなんか誰もわからへんで。

例えばDXというと、何ぼカネ使ってもいい風潮があるやろ。将来の投資やいうてぽんぽんカネ出して、でも結果なんか出えへん。自動車のコネクテッドも同じ。トヨタ自動車やホンダがやるのはええけど、商社に何ができるんやと。そんなもん、ほかの商社にやらせればええ。うちはじっくりと見ている。

――三日天下にしないために、社内を引き締めているわけですか。

そうならないために、伊藤忠の過去の失敗の歴史をまとめ直しているところや。

伊藤忠は1980年代に売り上げが商社で1番になったけど、あれで舞い上がってしまった。当時は売り上げをつくるために、利益がほとんどないような無理な商売をやっていた面がある。そのときに10年後の利益は2000億円と宣言したけど、実際にはそこから暗黒の長いトンネルに入って、実現したのは20年後だ。

業績がよくなると、すぐ慢心してずっこけるのが伊藤忠。財閥系へのコンプレックスから、何の戦略もなしにイケイケどんどんでやって失敗することの連続や。

例えば東亜石油（66年に筆頭株主になったが、オイルショックで経営が悪化し86年に撤退）だ。財閥系に勝たなあかん、ということで電力会社とのパイプを求めて石油事業に投資した。ところが思惑が外れて1800億円もの損を出した。

当時の社長だった越後正一さん（第5代社長）は座右の銘に、「名を成すは常に困窮のときにあり、事の破るるの多くは得意のときにあり」と言うてる。つまり、危ないのは得意のときや、と。その越後さんですら失敗したわけや。

その失敗に怒っていた米倉功さんが7代目の社長になったら、瀬島龍三さん（元大本営参謀、元伊藤忠会長）に「土地を押さえたら絶対に儲かる」と言われて大々的に不動産に投資して、今度は不動産で失敗した。みんな僕と同じ立場でな、これは気いつけなあかんと。

財閥系との体力の差はこうやって広がった。手持ちのカネが少ない中でこれだけ儲けてるんやから、資本が同じ規模ならもっと儲かっとるわ。とにかく諸悪の根源は売り上げ1番になったこと。だから「三冠」で一瞬喜んだけど、もうその話はええやろ、と言いたい。

――で、次は何に投資しますか?

考えはあるけど、言われへん。今タイミングを待っている。

2022年3月期の配当性向は25%に下がるけど、まずは投資をしっかりする。株主は配当も当然期待するだろうが、それよりも、いろいろなものに投資して会社の成長にコミットしてくれるほうがうれしいんちゃう?

本来、商社はもっと時価総額が高くていいと思うんだよな。そのためにはもうちょっと安定して利益を出さないと。株式市場で評価されないのは、結局資源の相場に振り回されるからや。今も資源がよくなっているから、また同じことの繰り返しやろう。

鉄鉱石や原油は市況が上がっただけで数百億円儲かる。投資の金額も大きいから、繊維や食料みたいな部門でも大きな投資をせんといけないような錯覚が起こる。本当は金額を抑えないとあかん。

だから、それぞれの事業を意識的に同じようなスケールにしていかないとな。特定部門に利益が偏らないようにつねにバランスを取らないと。これは社内のモチベーションを保つうえでも大事や。

チャンスは国内にあり

――新興国への投資もリスクが高まっていますね。

それぞれの国の事情を注意深く見ないとえらい目に遭う。やっぱり日本がいちばんやりやすいわ。なんかグローバルが大事みたいなこと言うとるけど、どこで儲けようがカネは一緒やろ。日本でビジネスモデルを固めて、その延長線上で海外をやるのがええ。

――国内ビジネスの戦略はやはりファミリーマートが中軸ですか。

少子高齢化の日本では市場が縮小する、というような見方もある。でも、100円のおにぎりに付加価値を持たせて150円にすれば5割増しになるやん。そういう高級品が売れるというよさが日本にはあるんや。発展途上国で150円で売れるか？　売れへんやろ。

コンビニは飽和状態だ、みたいな意見もあるけど、本当にそうか？　これまでいちばん進化してきた小売業はコンビニや。商社は商品開発などは不得手だけど、AIを使った商品発注システムを用意するといった支援ができる。

――中期計画から中国CITICへの言及が消えました。

毎回同じことを言うても一緒やからもう言わないだけ。CITICも今後の5年間で利益を倍増させると言うてる。彼らもやる気になっているから、もうちょっと見てくれや。

（聞き手・西村豪太）

岡藤正広（おかふじ・まさひろ）

1949年大阪生まれ。74年東京大学卒業後、伊藤忠商事入社。海外駐在経験はなく、一貫して大阪で繊維の営業畑を歩む。2004年常務取締役・繊維カンパニープレジデント。10年代表取締役社長。18年から現職。

「マーケットインで組織を変える」

伊藤忠商事　社長COO・石井敬太

石井敬太氏の社長就任は本人もまったく予想していなかったというサプライズ人事。今後の伊藤忠をどう牽引していくのか。

――伊藤忠商事の特徴をどう捉えていますか。

岡藤正広会長の方針が組織に徹底しており、一体感が強いところだろう。事業構造でいえば、ぶっちぎりで強い部門はない。しかし、必ず業界の2、3番手にはいるポートフォリオが組めている。これは他社と違うところだ。

私の出身部門の化学品は商社業界で万年4位だったので、投資などで大きなことをさせてもらえなかった。だから、私の発想もマーケットインにならざるをえなくなったのかもしれない。

稼ぐためには、どぶ板営業をやって情報を集め、とにかくお客さんを回ること。そして、おそらくお客はこういうことに困るだろうと仮定して動く。その積み重ねだった。化学業界の先には、繊維、自動車、タイヤ、食品などさまざまな業界がある。いろんな業種に興味を持って勉強してきた。

――業界1位を維持していくのはプレッシャーですね。

意識しないようにするべきだと思う。マラソンと同じで、後ろを振り返って意識していると、たぶん抜かれると思う。とにかくゴール目がけて、自分のすべてを懸けて走っていく。

縦割りの組織を変える

――２０２３年度に純利益６０００億円という目標を目指す中で修正すべき点は。

これからの１０年は、リモートが定着した分散型の社会ということで、今までわれわれが育ってきた世界とは違う風景になっていく。変化のスピードがますます速くなっていく中で、商社は先駆けてどんどん変身していかなければ。

そのためには縦割りでプロダクトアウト型の組織編制も、社会のニーズによって変わっていかなければいけない。デジタル化により部門の壁を越えて、いろんなビジネスを融合させることになる。

――ファミリーマートの位置づけは。

まずファミマの日販を上げないといけない。そのための手を打ちながら、店長サポートシステムの導入や無人化による効率化なども含めて、進化するコンビニをつくっていきたい。

マーケットインによる伊藤忠の業態変革はファミマから始まる。ＡＩ（人工知能）を使って商品をどう仕入れるか、天気によって人の購買がどう変わるか、いろんなことがわかるようになった。各カンパニーから投げ込まれた個別のテーマを第8カンパニーが整理し、ファミマ改革を進めている。

こうしたデータをどう加工し、利用するか。4月に発足させたIT・デジタル戦略部で検討している。25、26年には、次世代デジタルコンビニの形が見えてくるんじゃないかと思っている。

――脱炭素への取り組みは。

伊藤忠は歴史的にエネルギーが弱かった。そういった流れは変えたい。地球環境にやさしいエネルギー源に手を出せるのであれば、積極的にやっていきたい。

水素や電気自動車（EV）に関しては、伊藤忠エネクスがステーションを持っている強みがあるし、蓄電池を中心に家庭の電力使用データを活用する川下のネットワークも築いていく。サプライチェーンについては、他社よりは比較的優位だと思う。

（聞き手・大塚隆史）

石井敬太（いしい・けいた）

1960年東京都生まれ。83年早稲田大学卒業、伊藤忠商事入社。化学品部門の営業畑やタイ法人の社長などを経て、2014年執行役員・化学品部門長。20年専務執行役員エネルギー・化学品カンパニープレジデント。21年4月から現職。

【三井物産】資源一本足脱却へ種まき

「3位物産」。三井物産が、こんな不本意なニックネームをようやく返上した。

総合商社の元祖である三井物産は長らく三菱商事と並ぶツートップだった。ところが、この数年は伊藤忠商事の台頭により、純利益や時価総額で業界3位のポジションが定着していた。

ようやく、その状況を打開したのは2021年3月期。純利益はコロナ禍の影響で前期比14%減だったが、3354億円という額は伊藤忠に次ぐ業界2位だ。22年3月期は4600億円（前期比37%増）を稼ぐ計画で、これは過去最高水準と、やはり伊藤忠に次ぐ2位の見通しだ。さらに上振れする余地もあると株式市場ではみられている。

三井物産の業績が浮上する原動力となったのが最近の資源高だ。4600億円の7割弱を鉄鉱石や原油、天然ガスといった資源事業が稼ぐことになる。

同社では資源事業の貢献次第で大きく業績が揺れ動くのが習い。そのため業界内で「資源一本足打法」と揶揄されてきた。

市況が追い風ならば、資源事業は多大な利益をもたらしてくれるが、ひとたび逆風が吹けば減損リスクが顕在化する。15年度決算では資源安が響き834億円の最終損失を計上、設立以来初となる赤字に沈んだ。

三井物産も現在の市況高がずっと続くとみているわけではない。堀健一社長は「鉄鉱石価格が歴史的に見て正常な価格水準に回帰していくとみている」と説明。現在の資源価格よりも低い水準を前提に会社計画を策定していることを強調した。その分、非資源事業の拡大を急ぐ。

■ 資源事業が収益の過半を占める
—三井物産の事業部門別純利益の推移—

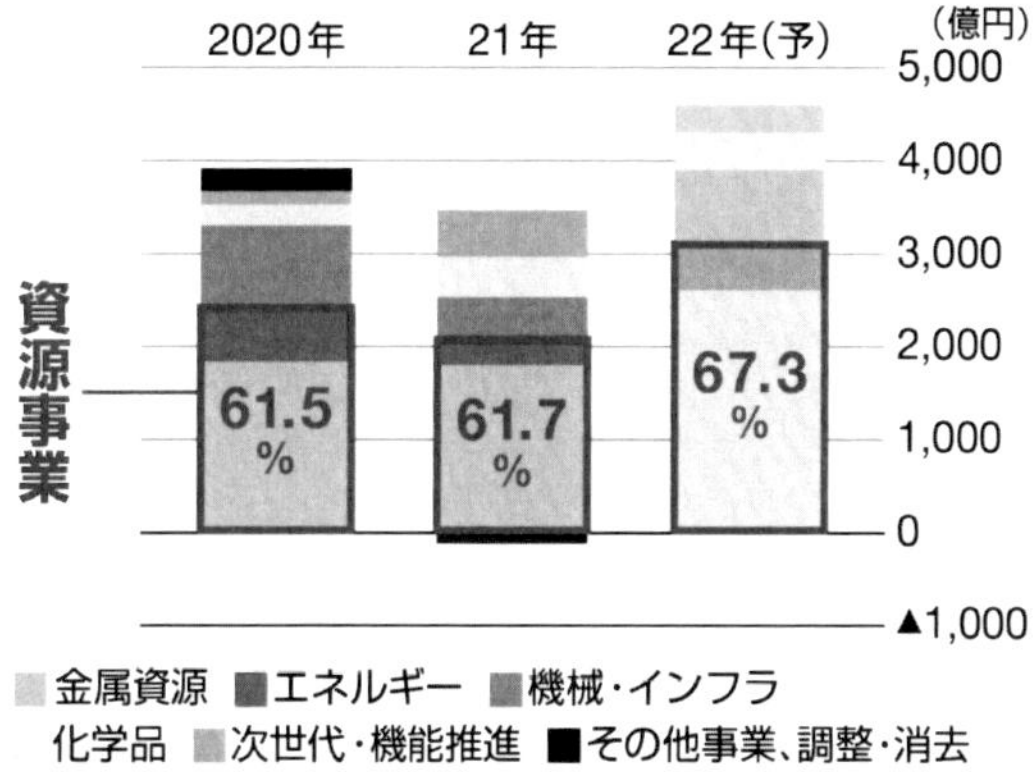

(注)各3月期。▲はマイナス
(出所)三井物産の決算資料を基に東洋経済作成

非資源を育てられるか

２０１５年度の赤字以来、非資源事業の拡大は三井物産の一丁目一番地の課題だ。２０年５月に公表した現中期経営計画（２１～２３年３月期）では最終年度の純利益目標を４０００億円としてきたが、その半分以上を健康や機械関連事業といった非資源領域で稼ぐ計画だ。

しかし、他社からは「非資源事業は小粒のうえ、すぐには利益に貢献しない。資源で儲けるうまみを知っている三井物産が本当に非資源を育てられるのか」との突き放した見方も強かった。鉄鉱石のようなホームランバッターに依存する体質は容易には変わらないとみられているのだ。

だが、三井物産はここ数年、種まきを丹念に行っている。その１つが宇宙事業だ。かつて、同社は衛星ロケットの部品販売などを手がけていたが、利益が薄く休止状態が続いていた。

そうした中、１６年１１月に三井物産社内の新規事業公募で「宇宙事業をやりたい」と手が挙がった。提案したのは１５年入社の若手だ。

宇宙というとＮＡＳＡ（米航空宇宙局）や日本のＪＡＸＡ（国立研究開発法人宇宙航空研究開発機構）といった「官」が担う領域だった。しかし、昨今は民間企業が宇宙領域に乗り出している。イーロン・マスク氏の米スペースXなどがその代表例だ。民間企業参入の増加を受けて世界の宇宙市場は現在の２８兆円から３０年には４４兆円、４０年以降には１００兆円以上に拡大する見通しだ。

その原動力が人工衛星の小型化に伴う需要の増加だ。これまでも民間のロケットによる放送衛星や通信衛星の打ち上げは行われてきたが、小型で高機能な人工衛星の開発によってその前提が大きく変わった。人工衛星を周回軌道に乗せるのに必要なコストが、劇的に安くなったのだ。

日本ではＪＡＸＡが国際宇宙ステーションの日本実験棟「きぼう」から超小型衛星を放出する事業を行っていた。これを１８年に民間委託することになり、三井物産はその事業権を獲得。総合商社のネットワークや販売力を活用して、民間企業の需要をさらに掘り起こすことが期待されている。

２０年６月には米スペースフライト社を、パチスロメーカーで航空機リースなども手がける山佐と共同で買収した。この企業の事業は、人工衛星を打ち上げたい事業者に対して、各国のロケットの空きスペースとのマッチングを行い、人工衛星を宇宙に送り出すもの。

いわば「人工衛星のライドシェア」で、330基以上の人工衛星を送り出した実績を持つ。三井物産で宇宙事業開発室長を務める重枝和冨氏は「宇宙業界におけるネットワークを得たことは大きい」と買収の意義を強調する。

三井物産が商機を見いだしたのは、膨大な開発費を投じるロケット開発ではなく、人工衛星を宇宙に運ぶ橋渡し役。事業リスクも低く着実に利益を上げることができるモデルだ。今後は、人工衛星向けに新たなサービスを付与するなど同業とのさらなる差別化を図る。

今後もこうした事業の種まきに経営資源を投じる考えだ。堀社長は「気概のある若者の背中は押していきたい。筋がよければ経営資源も出していく」と檄を飛ばす。

三井物産は中期経営計画で「エネルギーソリューション」「マーケット・アジア」「ヘルスケア・ニュートリション」の3つを注力分野に掲げる。こうした領域でそれぞれ投資実績が出始めているが、これらを着実に軌道に乗せられるか。それこそが三井物産がかつてのような存在感を取り戻すためのカギになるだろう。

（大塚隆史）

ロシアに入れ込む三井

「カントリーリスクの高い地域では、三菱商事と一緒にやることが不文律になっている。三菱は必ず参画する」。2019年に三井物産が参画を表明したロシア北極圏でのLNG（液化天然ガス）プロジェクト「アークティック2」について、当時の三井物産幹部はそう語っていた。

だが、その直後、三菱商事は出資を見送った。「非常に競争力のある資産であるのは間違いない。でも今はあれを通す時代ではない」と三菱商事幹部は振り返る。焦点となったのは、輸送コストと地政学リスクだ。

アーク2の開発鉱区であるギダン半島は、1年間のうち過半が氷の世界に閉ざされる。とくに氷が厚くなる冬場、東回りの北極海航路を通るには砕氷船が欠かせない。

さらに開発主体のノバテクはプーチン大統領に近い。今後、米国による対ロ経済制裁の対象となるリスクもゼロではない。

一方、気候変動問題を受け、再生可能エネルギーが本格普及するまでの低炭素化の現実解として、LNGの短中期的な需要は高まるとの見方がある。三井物産には「サハリン2」LNGを筆頭に、ロシア商権に食い込んできた自負もある。両社の分かれ目になったアーク2は三井物産の投資姿勢を体現した案件といえる。

INTERVIEW

「責任あるエネルギー転換を担う」

三井物産　社長・堀　健一

再びの資源高局面で登板することになった堀健一社長。強い追い風が吹く中、三井物産をどう舵取りしていくのか。

――資源価格が高騰し今期は過去最高の利益を計画しています。

会社のポートフォリオ全体として、稼ぐ力の底上げが行われてきたな、という実感がある。例えば金属資源事業は、つねにコストを下げる効率化の努力をやってきた。

もちろん市況はコントロールできないが、一年一年の収益というより、長い時間軸で面積として抑えたいという考え方。そういう仕事をしっかりやったうえで、足元の鉄鉱石市況は平準よりだいぶ強いが、そのアップサイドをきっちり取っていく。資源だけでなく、機械・インフラや化学品、生活産業、次世代機能推進といった各事業領域でもベースとなる基礎収益力がコロナ禍から回復していく。

――純利益で見た業界順位は2位に上がりました。

いちばん気にしているのは、当社の世界の中でのプレゼンス。競合というのは事業領域によってそれぞれ異なるので、そこを見る必要がある。各事業の力を足し算することで、三井物産の存在感を絶対的な尺度で上げていきたい。

経営指標とするのは、時価総額とキャッシュ創出力、そしてROE（自己資本利益率）。これらを総合的に見ていただきたい。

――脱炭素の大きな潮流をどう見ていますか。

エネルギーの大転換は、三井物産にとって大チャンスだと思っている。中でも私が強く思うのは、責任あるエネルギーのトランジション（移行）をやっていくこと。例えば当社が強い競争力を持つLNGは、低炭素化に向けて大きなブリッジ（橋渡し）の仕事を果たせる。

その先にある太陽光、風力などの再生可能エネルギーや、水素、アンモニアなどの次世代エネルギーも含めて、三井物産が指導的な立場にいて利益を出す。これを目指すのが基本姿勢だ。

商社には比較優位がある

――エネルギー転換では、痛みを伴う局面もあるのでは？

温室効果ガスの排出を下げていく努力は、そうとう優先順位が高い。その中で、一部火力発電資産の売却も計画に入れている。そこは、経済的にきっちり納得いく形で折衝していきたい。私は「揺れが激しいときはチャンス」とよく言っている。課題が複雑化・複合化する中、各産業に入り込んでいる商社には比較優位があるからだ。

――安永竜夫前社長時代から新規事業の創出に力を入れています。

本来そこは三井物産のＤＮＡ。１９７０年代から米国のシリコンバレーでベンチャー投資もやっているし、自分たちでスタートアップ企業を興すのも仕事のメニューの1つとして考えている。

ただ、これは無手勝流でやるものではない。起業家精神を持った本物のプロや熱意のある若者と、目の前にあるチャンスの組み合わせが大事。例えば宇宙事業はフロンティアであるがゆえに、まだ業界地図ができていない。その中で当社が事業を興して人材を育てるというのは非常に重要だ。

だから若手がどんどんアイデアを持ってくるのは大歓迎。勃興する市場の中で気概のある若者がネットワークをつくっていくのが大事だ。そのためには背中を押すし、筋がよければ経営資源を出していく。

（聞き手・大塚隆史）

堀　健一（ほり・けんいち）
1962年神奈川県生まれ。84年慶応大学卒業、三井物産入社。化学品部門や商品市場部門、経営企画部長などを経て、2017年常務執行役員ニュートリション・アグリカルチャー本部長。21年4月から現職。

【丸紅】「未来の食」に布石を打つ

ふたを開けると、過去2番目の好決算だった。丸紅の2021年3月期決算は、コロナ禍にもかかわらず純利益2253億円を稼いだ。敵失もあったとはいえ、純利益で業界3位に躍り出た。

ただ、前20年3月期は手痛い目に遭った。石油・ガス開発事業や米国の穀物事業ガビロンなどで約4200億円の一過性損失を計上。過去最大となる1974億円の最終赤字を出した。丸紅の業績は、大型案件の失敗に振り回されてきたという厳しい見方もある。

2013年に過去最大の約2700億円を投じて買収したガビロンは、長年中国での販売不振や市況悪化に悩まされ、14年度に480億円、19年度に783億円と減損を繰り返した。寺川彰副社長は「私たちの反省はやはり高く買ったことだ。これに尽きる」と振り返る。

大型投資の失敗が響き、財務基盤を毀損。他商社が成長投資と高額配当に励む一方で、近年の丸紅は財務改善に注力する「守りの経営」をせざるをえなかった。そうしたツケのせいか、丸紅へのマーケットの評価は芳しくない。時価総額では、豊田通商に抜かれて「6番手」が定着しつつある。

だが、柿木真澄社長は「(業界内の)順位を上げるのが目的になってしまうと道を誤り、ジリ貧になってしまう」と意に介さない。逆にこれまでの大型案件の失敗を踏まえて、小粒ながら優良な案件を多数積み上げることで業績を伸ばしていくべきだとの考えだ。

実際、21年3月期の業績を牽引してきた事業は、食料品など一つひとつの規模は小さいビジネスだった。中でも貢献したのが米国の牛肉生産・加工・販売事業(クリークストーン社)。コロナ禍の影響で外食向けの販売が落ち込んだが、米国の内食需要を捉えた。

それを可能にしたのは地道な安定操業だった。同業の多くはコロナ禍で操業停止に追い込まれたが、クリークストーンは感染対策を徹底することで操業を継続しシェアを拡大。生活に欠かせない食に関わるビジネスを着実に進めたからこそ得た成果だといえる。

新たな食の技術が台頭

だが、メーカーや流通業向けの原料供給を継続する従来の取引だけでは、いずれ商社は中抜きの対象とされてしまう。丸紅の食料本部も「既存事業を続けるだけでは、成長シナリオを描くことが難しい」（食料第一・第二本部の井上広児戦略企画室長）と痛感する。

こうした中、足元で注力するのは、「これまで強化してきた加工・生産の機能に加えて、世界的に進む食のサステイナビリティーに関わる技術へ積極投資し、ビジネスに育て上げる」（井上氏）ことだ。

20年4月には、日本水産と共同でデンマークのダニッシュ・サーモン（DS）社を買収した。同社は陸上プラントでサーモンを養殖する大手企業だ。

世界的にサーモン需要は拡大基調だが、一方で養殖に適した水温の入り江は限られている。おまけに、餌の食べ残しや排泄物、治療薬などで海水が汚染される懸念もある。人工海水を濾過し循環させる陸上養殖なら、そうした環境問題を引き起こす可能性は低い。

そのため、陸上養殖サーモンは欧州を中心に環境価値を織り込んだ価格で販売できる。中村一成生鮮食材部長は「プレミアムはしっかり取れている」と自信を見せる。20年度は年間1100トンを出荷。22年度には年間2750トンまで生産能力を増強する計画だ。

20年4月には、科学的な視点から食品原料の事業開発を行う「フードサイエンスチーム」を設立。商社では珍しい理系の専門人材を中心に5人が在籍し、「食品原料の持つ付加価値を評価・活用する」（フードサイエンスチーム長の高祖敬典氏）。

同チームが着目する分野の1つが、植物性食品をはじめとした代替タンパク質だ。世界の人口増に伴いタンパク質需要が急拡大する一方、現在の畜産や農業では飼料用の大量の穀物や土地が必要となり、その持続性が懸念されている。

そこで注目を集めるのが、大豆からつくる植物肉だ。環境に優しいタンパク源として、植物肉などの世界市場規模は30年には現状の5倍、約2・5兆円になると推定（英国の調査機関）されている。

ただ消費者に受け入れられるためには食感や豆臭さ、栄養価といった課題が残る。丸紅のフードサイエンスチームが約500社と面談を重ねた中で、巡り合ったのが国内の植物肉スタートアップのDAIZ社だった。高オレイン酸大豆を活用した独自の技術で、従来の肉に近い味を実現している。

丸紅はDAIZ社に20年12月に出資。米国進出に向けたマーケティングを共同で行うことで合意した。群雄割拠する植物肉市場に、総合商社の知見を生かしてどれだけ食い込めるかに注目だ。

こうした新たな事業の芽を幅広い分野に広げられるか否かが、丸紅が目指す着実な成長を占うことになりそうだ。


（大塚隆史）

INTERVIEW

「1個の大型案件より100個の稼ぐ案件」

丸紅　社長・柿木真澄

２０２０年の今頃はコロナ禍でこのまま坂を転げ落ちるのか、２年連続で信頼を裏切ったら投資家の「丸紅離れ」が進むと、緊張感を持ちながら予算作りを行った。それが、感染対策を最優先しグループ企業の多くで工場などの操業を止めずに新たなビジネスまでできた。結果、きれいなＶ字回復をしたのには感謝の気持ちでいっぱいだ。

逆に今期は、市況が異常に上がっているので予算を慎重に見ている。丸紅が今いちばんやっちゃいけないのは、イケイケの空気をつくること。挑戦するのは重要だけど、安易な見方は厳に慎め…と。

商社は今まで世の中が悪くなっても、右肩上がりになろうと、何千億円という大型投資をやって浮き沈みの繰り返しだった。われわれは巨額の減損といういい経験をした。

大型案件はワクワクして皆チャレンジしたいと思うけど、総合商社は3年で売り抜けるファンドではなく、10年後に責任を持ってバトンを渡さないといけない。そうじゃないと、誰かが負の遺産を清算する必要が出てくる。

20年は国内の事業所をくまなく回った。そこで気がついたのは、小粒でもいい事業をそろえている企業は強いという考え方。100本の細い柱があれば、2、3本折れても支えることができるでしょう。

柿木真澄（かきのき・ますみ）
1980年丸紅入社。電力部門に配属され中東の大規模火力発電を開拓。米国会社社長や電力・プラントグループCEOを経て2019年4月から現職。

【三菱商事】「盟主」奪還へ再エネ倍増

長年、業界の盟主だった三菱商事が利益首位から転落した。2021年3月期の純利益は1725億円と、「万年5位」の丸紅にも抜かれ4位となった。

最大の要因は豪州の原料炭事業だ。毎年、1000億円程度の利益貢献をしてきたが、21年3月期は約100億円にとどまった。豪州・中国間の関係悪化を背景に原料炭価格は不安定な状況が続く。

ただ、要因はそれだけではない。子会社であるコンビニのローソンで、のれんや無形資産の減損を836億円計上したのも大きかった。さらに、これまで同社が得意としてきた自動車関連、LNG（液化天然ガス）事業が軒並み落ち込んでいる。

三菱商事の看板は「総合力」。資源価格低迷などの逆風の中でも、機械や食料など非資源部門がしっかり支えるというポートフォリオは他社にまねのできないものだった。今回、全方位の収益低下で、その看板が揺らいでいる。

22年3月期も伊藤忠商事は純利益5500億円、三井物産も4600億円を計画し、それぞれ最高益となる見通しだ。それに対して、三菱商事は3800億円の利益計画にとどまる。垣内威彦社長が巡航速度とする5000億円の水準に戻ったとしても、他社と大きな差はつかない。これまで圧倒的首位だった三菱商事の利益を実現してきたポートフォリオが劣化を始めているのではないか——。そんな懸念を抱かせる。

DXとEXを推進

三菱商事も手をこまぬいているわけではない。デジタル領域（DX）、エネルギー分野（EX）での変化への対応を一体化して進める方針を示している。その象徴的な取り組みが電力分野で進んでいる。

総合商社の中でも三菱商事の再生可能エネルギー持ち分発電容量は群を抜くが、これをさらに積み増す。30年度には再エネ発電容量を倍増する（19年度比）計画だ。

■ 三菱商事が再エネ発電で先行
—5社の持ち分発電容量と内訳—

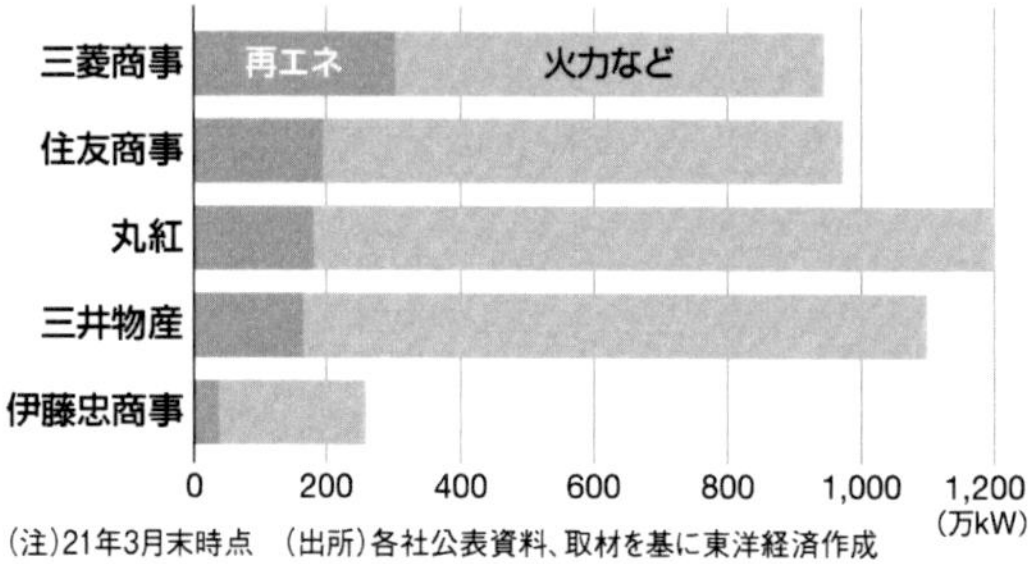

(注)21年3月末時点　(出所)各社公表資料、取材を基に東洋経済作成

とくに海上に何十基もの大型風車を並べて発電する洋上風力発電に照準を定める。洋上風力プロジェクトの総事業費は数千億円規模と大きく、洋上に巨大な風力発電設備を建設し運転するだけに参入障壁も高い。その一方で、再エネの「主力電源」の呼び声も高く、国内外で導入を拡大しビジネスにつなげようと各企業が競り合っている。

この洋上風力で三菱商事は有利な立ち位置にある。2010年ごろから、再エネが拡大する欧州で洋上風力に参画。プロジェクトの初期段階から発電所運転に至るまで携わりノウハウを積み上げてきた。

さらに、頼りがいのある欧州企業が三菱商事グループに加わった。オランダのエネコだ。

三菱商事と中部電力は20年3月、共同で約41億ユーロ（約5000億円）を投じてエネコを買収した。同社は、欧州の中でも先んじて再エネの電源開発を推進し、電力小売りを手がける。顧客数は600万件にも及ぶ。社内に洋上風力関連の技術者を抱え、環境価値を訴求した電力小売りも行っている。いわば、次世代の電力会社の姿で、そのノウハウは、日本を含めた他エリアでも応用できそうだ。

だが、単に再エネ発電容量を積み増すだけでは十分でない。三菱商事の岡藤裕治エネルギーサービス本部長は、「ただ発電するだけではなく、電力を販売する力が重要だ」と強調する。日本でも16年の電力小売りの全面自由化で電力会社を選べるようになった。電気という差別化の難しい商材をどう訴求するかは大きな悩みの種で、どのようなサービスと組み合わせるかが肝になる。

このことは原材料などといった川上領域に強い三菱商事の課題とも重なる。消費者に近い川下領域の強化は、同社の喫緊の課題だ。電力もまた同じである。

21年4月には中部電力ミライズと中部電力ミライズコネクトを設立。コストコの総菜・生鮮食品を配送するサービスや、保険商品販売などの提供を検討。ローソンと連携したサービスも展開予定だ。

中部電力ミライズコネクトの成功にはデジタル技術の活用が不可欠だ。電力ソリューショングループだけでなく、「グループ横断的に人材を集め、50人程度のタスクフォースで取り組んでいる」（垣内社長）。こうしたグループの縦割りを排除した新事業はまさに、就任以来、垣内社長が目指してきた方向性である。

もちろん課題もある。大手電力も、電力販売から生活サービスへと事業を広げ、収益化につなげる取り組みを実施中だ。いまだどの会社も明確な成功モデルを見いだしていない。

決して平坦な道のりではない。だが、こうした試みで新事業を生み出さなければ、従来型ビジネスの陳腐化は進む一方だ。

組織の縦割りを打破し、「総合力」を再生できるか。三菱商事の正念場である。

（大塚隆史）

エネコが占う次期社長

首位陥落となった三菱商事の社内で、幹部たちが本体の決算以上に注目していたのがエネコの業績だった。

三菱商事の社長任期は6年が「鉄則」。2016年に就任した垣内威彦社長は今年度が最後の1年で、社内の関心は次期社長人事に集中する。

中でも電力ソリューショングループCEOとして蘭エネコの5000億円買収を主導した中西勝也常務執行役員は、社内外の人望が厚く、次期社長候補の筆頭格と目される。

だが、再生可能エネルギーの発電・販売を手がけるエネコは冬場の需要期に稼ぐ収益構造で、20年4〜9月期の前上半期までは赤字。早ければ21年末に決まる次期社長レースに中西氏が残るには、今回の本決算がエネコの実力を示す最初で最後のチャンスだった。

ふたを開ければ、エネコの21年3月期の持ち分利益は132億円と文句なし。「これで決まった」とみる向きもある。

「社員全員の意識を変える」

三菱商事　社長・垣内威彦

原料炭や自動車の不振などが重なり、業界トップであり続けた純利益が4位に沈んだ三菱商事。捲土重来をいかに図るのか。

――前2021年3月期決算は大幅な減益でした。

責任を重く受け止めている。巡航速度を純利益5000億円とすれば、これは当社にとってボトムの数字だ。市況などで好条件がそろえば9000億円まで上振れすることもありえる。現在は豪中関係の悪化による原料炭価格の低迷が大きく利益を圧迫している。

資源ショックで赤字となったのが16年3月期だ。その直後に社長に就任し、市況が悪化しても赤字にならないポートフォリオを目指してきた。減益とはいえその成果は出てきたと思っている。

――社長任期も残り1年ですが、目下の課題は。

当社では（食品産業、金属資源といった）グループが独立した経営をしている。そのため、どうしても横の連携をとりにくかった。しかし、地政学リスクへの対応やDXなどは横で連携して構想しないとうまくいかない。

全社としてのポートフォリオをどうアジャストするか、どう脱炭素を進めるか。全社一丸となって考えるという認識を植え付けることに注力しているし、今後もそれは継続すべきだと思う。

思った以上に組織の壁は厚かったが、対話を続けてきたことで社員の理解が進んできた。

電力に加えて地域に根差したサービスを提供する中部電力ミライズコネクト、NT

Tと食品流通をデジタル化するインダストリー・ワンなど、新しいビジネスが出てきている。それぞれ若手を中心にグループ横断で人材を集めた50人くらいのタスクフォースだ。リーダーへの抜擢人事も行っており、若手の活躍も期待している。

――川下分野の強化が課題です。

われわれは供給側に強かったが、需要側にもしっかり入ることで安定供給と無駄の排除を両立させる。これがDXの基本思想だ。

2020年に買収した蘭エネコは、自ら発電を手がけ、お客の需要動向も把握しつつ中間市場で電力の売買もしている。こうしたビジネスモデルを日本にも導入することを考えて勉強しているところだ。

投資をしすぎている

――三菱商事は累進配当を採用していますが、本来は株主還元より投資を優先するべきでは。

少なくとも現中期経営戦略の間は、累進配当にコミットしても財務の健全性に何ら問題がない。しかし恒常的に続けることはない。

むしろ投資をしすぎているのが当社の問題だ。三菱商事グループの中で、主要な連結対象の事業会社が800社程度ある。その中には、もうやめてしまったらと思う会社もあり、見直しが必要だ。

――圧倒的な業界1位だった企業では改革も難しいですね。

社員全員の意識を変えるのがすごく大事だ。事業を始めて、社員を出向させて、という状態が何十年も続くのは投資効率からいって非常にもったいない。事業の入れ替えが必要で、資本を寝かせすぎないように売却を励行したい。

事業を売らずにいると、世の中の変化についていけず機能が劣化していく。惰性で続けて、社員を出向させるためのローテーションポストになってしまったら何の意味もない。事業を売却して新しい投資に振り向けることを是とするのが、次の世代にバトンをつないでいくために極めて重要だ。

（聞き手・大塚隆史）

垣内威彦（かきうち・たけひこ）
１９５５年、兵庫県生まれ。７９年京都大学卒業、三菱商事入社。飼料・畜産の営業畑を歩む。２０１３年、常務執行役員・生活産業グループＣＥＯ。１６年から現職。

【住友商事】次世代通信で赤字から反攻

2019年度は米中貿易摩擦、20年度はコロナ禍と、外部環境の悪化に悩まされた総合商社。とくに住友商事の打たれ弱さは5社の中でも際立つ。前21年3月期決算では過去最大となる1530億円の最終赤字に転落した。

世界最大級のニッケル鉱山開発プロジェクトであるアンバトビーや、欧米で青果物の生産・卸売りを手がけるファイフスなどで合計約3510億円に及ぶ一過性損失を計上。大型案件のリスク管理の甘さが大きく業績を下押しした。

この業績悪化を受けて住友商事は、6月に支給する予定だった全執行役員への賞与をゼロに。兵頭誠之社長を含めた9人の経営会議メンバーの月例報酬も4月から半年間、減額すると2月に表明。「襟を正して構造改革を進める」（兵頭社長）覚悟だ。

5月に公表した新中期経営計画（21～23年度）のコンセプトの1つが、事業における「下方耐性の強化」だ。市況が大きく悪化しても事業から生じる損失を一定の範囲に収めるため、不採算事業からの撤退や資産の入れ替えを加速する。最終年度には「過去最高益である純利益3200億円超を目指す」（兵頭社長）。

前期はどん底に落ちた住友商事だが、本来の持ち味は、手堅く稼ぐ事業分野を擁する点にある。実際にコロナ禍でも安定収益を上げた事業もある。メディア・デジタル部門は純利益443億円を稼ぎ、前年度で唯一黒字を堅守した。下方耐性を持った同社の花形事業部門といえるだろう。

傘下にはシステムインテグレーターのSCSKやテレビ通販のジュピターショップチャンネルなど複数の事業会社があるが、利益の中核を成すのは、KDDIと折半出資するジュピターテレコム（J:COM）だ。国内最大のケーブルテレビ（CATV）事業者で、サービス加入者は556万世帯（21年3月末）に上る。

こうした安定収益事業を起点に、新たなコア事業の育成を進め、過去最大の赤字からの反攻の機をうかがおうという考えだ。

工場のDXを支援

だが近年、ドル箱のCATV事業でも大きな環境変化が起きつつある。次世代通信である5Gの普及だ。5Gには超低遅延、多数同時接続など特長がいくつかあるが、中でも通信キャリアが提供する「高速大容量」の無線通信の登場は、将来的に有線の優位性を脅かす可能性があるのだ。

「CATV事業者としては、厳しい競争を勝ち抜くうえで無線の展開は非常に重要だ。一方、無線を展開するうえでわれわれには大きなアドバンテージがある」と、ケーブルテレビ事業部の庄司洋之副部長は事業環境を説明する。

5Gは1世代前の4Gに比べて高い周波数帯を利用しており、電波の届く範囲が狭い。通信事業者が5G無線を展開するには、基地局だけでなくその後ろ（バックホール）にある有線回線の整備も必要となる。一方、有線回線を保有するCATV事業者には、一から整備するよりもリーズナブルかつ素早く5Gの事業展開を進めることができる利点もあるのだ。

こうした状況下、住友商事は5G事業を新たな収益拡大の機会にしようと狙っている。およそ20人の専属部隊を組織し、5Gに関わる新規事業を矢継ぎ早に立ち上げているのだ。

中でも先行するのが「ローカル5G」の領域だ。ローカル5Gとは、通信キャリアが普及に力を注ぐ「全国5G」とは異なり、企業や自治体などが主体となって限定されたエリア内で展開する無線通信システム。例えば、工場や商業施設などの敷地内に限定し、安全性を確保しながら5Gのメリット（高速大容量など）を享受することができる。防災からスマート工場まで活用範囲は広い。住友商事は総合商社の中で唯一、ローカル5Gの免許を取得している。

20年度にはローカル5G活用の一里塚となる実証事業も行った。グループ企業であるサミットスチールの大阪工場内に高精細カメラを配備。ロール状に巻かれた鋼板コイルに傷がないかどうかの品質確認について、ローカル5Gで高精細映像を伝送し、遠隔で行うというものだ。これまで熟練作業員が目視で確認していた小さな傷も、AI（人工知能）により自動分析して作業を効率化。製造現場の課題解決につなげる。

住友商事はこうしたローカル5Gの活用ノウハウを、製造現場を中心に約1500社の取引先を持つ子会社などを通じて顧客に水平展開していこうと狙う。5G事業部長の梅田礼三氏は、「ローカル5Gは必ず大きなツールになる」と自信を見せる。

もちろんローカル5Gはまだ実証実験段階で、ビジネス化の最大の課題はコスト。「普及とともに急速にコストが下がることを見込む」（梅田氏）ものの、収益化には時間が必要となる。

今でこそ年間約300億円の持ち分利益を生む孝行息子のJ:COMも、1995年の設立からしばらくは激しい競争にさらされ赤字に苦しんだ。長期目線での投資と事業育成は住友商事の真骨頂ともいえる。5G事業はメディア・デジタル部門成長のカギを握っている。

短期的な不採算事業の整理はもちろんだが、住友商事の本当の再生はこうした次の食いぶちとなる新領域事業を物にできるかどうかに懸かっている。

（大塚隆史）

「同じ轍は踏まず確かな収益を出す」

住友商事　社長・兵頭誠之

赤字決算という結果になったことは、重く受け止めている。襟を正したうえで、こういう事態に陥った真因をしっかり分析し、根本治療として構造改革を断行する。

資源に限らずパートナーの力に依拠する大型案件というのは、当社がこうやりたいと言っても、意思を反映するのになかなか時間がかかる。また当社の近年の投資はボラティリティー（収益の変動性）の大きい案件が多かったのは事実だ。ニッケル鉱山のアンバトビーをはじめ、大型案件のリスク管理を改善していく。

このほか、収益力が弱い事業のうち101社の撤退・売却も進めている。前年度中に32社の撤退・売却を完了し、残りの69社についても新中期経営計画（2021～

23年度）の期間中に断行する。これにより、収益を約700億円底上げできる。

収益の下方耐性をつける構造改革と並行して、次世代エネルギーやヘルスケア、農業などといった6つのテーマで事業強化にしっかり取り組む。23年度に過去最高益である純利益3200億円超を目指すだけの確実な根拠が見えており、有言実行していく。

当社のPBR（株価純資産倍率）は0・7倍前後で推移している。当然、PBRは1倍よりも上でなければならない。企業価値を向上させ、株主の期待に必ず応えていく。

兵頭誠之（ひょうどう・まさゆき）

1959年生まれ。84年に京都大学大学院工学研究科修了、住友商事に入社。電力畑が長い。2017年4月専務執行役員。18年4月から現職。

商社の石炭事業に厳しい視線

気候変動対策の機運が日増しに高まる中、脱炭素化の潮流はもはや避けられないものになっている。中でも商社が手がける石炭事業には環境団体や投資家などから強いプレッシャーがかかる。

伊藤忠商事は2021年4月、一般炭権益の約8割に相当するコロンビアのドラモンド炭鉱事業を売却。一般炭事業からの完全撤退に向けて対応を急いでいる。三菱商事や三井物産、丸紅はすでに撤退を完了。石炭火力発電についても事業撤退や契約非更改への動きを加速させている。

その一方、動きの遅い商社には厳しい目線が向けられる。足元でやり玉に挙がっているのが住友商事だ。

豪州のNGO（非政府組織）、マーケット・フォースは石炭関連事業の削減で後れを取っているとし、21年3月29日に定款変更を求める株主提案を住友商事に提出。石炭や石油、ガス事業関連資産の規模をパリ協定の目標に沿ったものにする事業戦略を毎年公表するように求めている。

これに対して、住友商事は5月7日に「気候変動問題に対する方針」の見直しを公表。すべての石炭火力発電事業から40年代後半には撤退するなど、従来方針よりも強化する姿勢を打ち出した。

方針に「抜け穴」

だが、マーケット・フォースの鈴木幸子氏は、この方針見直しに対して「さらなる改善が必要」だとし、株主提案を維持する考えを示す。その理由は「（住友商事の方針には）大きな抜け穴がある」（鈴木氏）ことだ。

同社は新規の石炭火力発電とEPC（設計・調達・工事の一括請負）事業には取り

組まない方針を示しているが、これには例外規定がある。

バングラデシュのマタバリ3、4号機のEPCについては「パリ協定との整合性を確認したうえでEPCへの参画是非を検討する」としている。

住友商事の兵頭誠之社長は「円借款事業としてマタバリ1、2号機の建設を請け負っており、拡張案件である3、4号機についてもバングラ政府から期待されていると認識している。現段階では、当社としてやりませんとは言えない」と例外規定を設けた背景を説明した。3、4号機の入札はこれからだが、「パリ協定に整合しなければ行わない」（兵頭社長）と強調する。

マーケット・フォースの株主提案については「目指している方向性は同じ」（兵頭社長）としつつも、定款変更は経営の柔軟性を損なうとして反対する方針をとる。

ただ、外堀は急速に埋まっている。5月20、21日に開かれた主要7カ国（G7）気候・環境相会合の共同声明では、「温室効果ガスの排出削減対策が講じられていない石炭火力発電への国際的な投資はすぐ止めなければならない」との文言が盛り込まれた。石炭関連事業を抱え続けるリスクは増大する一方だ。

兵頭社長は、石炭事業の縮小をさらに早める可能性については「情勢の変化に応じて、そうしなければならない。CO_2（二酸化炭素）排出量削減は経営方針だ」と話した。

住友商事の株主総会は6月18日に開催される。マーケット・フォースの株主提案の可決には、3分の2以上の賛成が必要。どこまで支持が広がるか注目だ。

（大塚隆史）

ESGが5社の格差を広げる

SMBC日興証券　株式調査部　シニアアナリスト・森本　晃

2020年のコロナ禍の中で、商社セクターにとって衝撃的な出来事が2つ生じた。1つ目は、20年8月に、著名投資家のウォーレン・バフェット氏が率いる米投資会社バークシャー・ハサウェイが商社大手5社の株式をおのおの約5%ずつ取得したと発表したこと。2つ目は、同年6月に伊藤忠商事と三菱商事の時価総額が初めて逆転したことである。

前者については、バークシャー・ハサウェイは発表で、①長期投資が前提、②いずれかの商社の株式を9・9%まで買い増す可能性、③協業の進展の3点に触れている。現状では③協業の進展について確認できている事象はない。

ただし、過去と比べ金利が低い状態が継続する現状を踏まえると、商社株の配当利回りの高さに着目したキャリートレードやインフレヘッジの観点で、商社株を買い増す可能性は十分あるかもしれない。

２１年4月にはバークシャー・ハサウェイが新たに１６００億円の円建て社債の発行条件を決定した。この使途として商社株の追加取得に至るのか、また、将来的に協業の進展につながるのか、今後も注視していきたいと考える。

一方、本稿でより軸足を置いて議論をしたいのが、後者の時価総額が逆転したことである。伊藤忠商事は三菱商事の時価総額を抜き、名実ともに初めて商社トップに躍り出た。この背景には何が隠れているのだろうか。

■ 伊藤忠が三菱商事を追い抜く
—5大商社の時価総額推移—

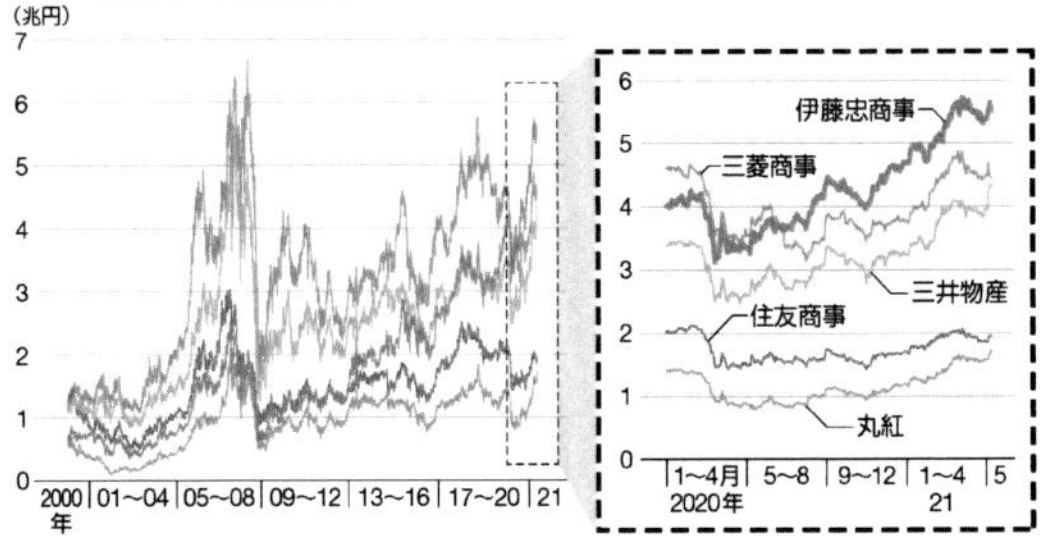

経営の対応力で明暗

キーワードは、「将来を見据えた経営の対応力」だと考える。

伊藤忠商事は、米中貿易摩擦による下押し圧力を受けた2019年から、「か・け・ふ（稼ぐ＝収益拡大、削る＝経費削減、防ぐ＝損失回避）」の徹底に再注力し、他商社との業績、時価総額の差が浮き彫りとなった。連結対象会社も含めた伊藤忠グループ全体でガバナンスを効かせた成果といってもよいだろう。

また、20年12月には、商社で初めて、ESG（環境・社会・企業統治）格付けの1つである「MSCI ESG Rating」で最上位ランクAAAを獲得した。レーティング上昇に伴い、パッシブ系のESG投資家からの投資資金流入も期待できる。

■ **伊藤忠が商社初のAAA** ―ESG評価機関によるレーティングおよびスコア―

	伊藤忠商事	丸紅	三井物産	住友商事	三菱商事	
MSCI ESG Rating	**AAA**	A	BB	BBB	BBB	AAA～CCCの評価でAAAが最良
RobecoSAM Total Sustainability Rank	**100**	88	94	48	67	0～100の評価で100が最良
Sustainalytics Rank	47.1	41.2	**72.5**	27.5	66.7	1～99パーセンタイルで99が最良
ISS QualityScore	**1.0**	2.0	4.0	**1.0**	3.0	1～10の評価で1が最良
CDP Integrated Performance Score	6.0	**7.0**	6.0	6.0	**7.0**	1～8のスコアづけで8が最良

(注)2021年5月時点。CDP Integrated Performanceは、CDPの評価をブルームバーグがスコアづけ
(出所)ブルームバーグ、SMBC日興証券

21年1月には、燃焼時に大量の温室効果ガスを排出する一般炭の権益からの完全撤退（副産物として一般炭が産出される鉱山も含む）を標榜した。実際2月には、同社の石炭生産量の8割超を構成する、米ドラモンド社のコロンビア炭鉱事業（年産620万トン）の売却を決定するなど、脱炭素に向けた取り組みは速い。

これらの事象から、株式市場が商社の財務情報だけではなく、ESGの非財務情報にも感度を高くしている点がうかがえる。

22年3月期の業績面では、資源・コモディティー価格は総じて歴史的な高値圏にある。各社の公表予算ベースでは、伊藤忠商事が純利益5500億円を計画し業界トップだが、足元の市況水準が続く場合、鉄鉱石や原油のアセットで高い競争力を有する三井物産の純利益がそれを上回る可能性がある。

ただし、中長期の観点で脱炭素の流れを踏まえると、化石燃料を中心とした資源・コモディティー権益には注視が必要だろう。

また、コロナ後に商社各社で逆張り投資が進捗したわけではなく、再生可能エネルギーをはじめ脱炭素を「機会」とする事業で期待成長率が高まっているわけでもない。

この点は伊藤忠商事も含めて商社業界全体の課題として残っているのが現状といえる。

さらに、炭素税の議論が一段と進めば、商社の温室効果ガス排出量が潜在的なコストとして、まずはバリュエーション（企業価値評価）への重しとなり、将来の商社株にネガティブに作用するリスクもはらんでいる。

商社の本来の強みは、ピュアな製造業ではないがゆえに、その時代時代に即してビジネスモデルを変革できる「アメーバのような存在」である点だと認識している。資産売却による短期的な利益の目減りや人材の再配置をボトルネックとして、機動的な事業ポートフォリオ入れ替えに逡巡していては、最適なタイミングでの事業売却の機会を逸してしまう。そればかりか、化石燃料由来の資源権益などが価値を生み出しづらい資産として残り続けるリスクもある。

総合商社の将来を見通すと、財務情報によりその時々の株価のボラティリティーが発生しながらも、長期的な株価の方向性ではESGの非財務情報が決定要因として重要性を帯びてくると筆者は考えている。一見すると企業価値にさほど関係ないと思える非財務情報の変化が、将来の株式リターンである「α」の源泉になるかもしれない。

例えば、社員の評価体系を、所属する部門の組織業績評価から、収益性向上を達成した社員により高い評価を与える「成果主義」にすることで、資本効率向上を全社一丸で促せる。

人材戦略も競争力のカギ

2020年5月に三井物産が公表した、「中期経営計画2023」では、プロ人材を育成する戦略が「変革と成長」のキーワードとして明記された。全社で目指す資本効率向上と社員のモチベーションが同じ方向に向かうことを、社員評価の変革で担保したものと解釈できる。このほかに、経営陣による自社株保有の動向などにも注目したい。

人材を含む「S（社会への配慮）」が可視化されるのには時間を要するかもしれないが、商社の競争力維持や、長きにわたって持続可能なキャッシュフローを創出する点では重要と考える。

一方、前述した「E（環境への配慮）」については、資源権益を中心に商社の中長期での事業ポートフォリオ変化を促すファクターとして注目している。またE、Sの土台となる「G（企業統治）」については、とくに経営のスピード感や企業価値向上に対する経営陣の感度を推し量る要素となりうるだろう。

脱炭素に代表されるように、総合商社を取り巻く変化のスピードは極めて速い。「将来を見据えた経営の対応力」の視点で、財務情報のみならず、ESGの変化も各商社でフォローしていきたい。例えば、三菱商事は低・脱炭素社会の実現に向けたEX（エネルギートランスフォーメーション）戦略を22年3月期中に提示すると表明しており、注目に値する。

企業価値向上という目指す方向性を株式市場と共有できず、「のれんに腕押し」と認識される状態となれば、5大商社間でさらなる株価・時価総額の格差が生じる可能性もあるだろう。

森本　晃（もりもと・あきら）
2007年モルガン・スタンレー証券入社。鉄鋼セクターに配属後、12年から商社セクターを担当。13年から現職。「日経ヴェリタス」アナリストランキングで4年連続商社セクターの第1位。

ますます際立つ商社の社風と実力

総合商社を取り巻く環境が転換点を迎える中、これまで不動とみられてきた5社の序列も変わりつつある。かつて、万年業界4位といわれてきた伊藤忠商事が、純利益のみならず時価総額でも財閥系商社の三菱商事、三井物産を追い抜いたのだ。

5大商社の得意分野や実力は、長い歴史を持つ各社の個性と大きく結び付いている。ここでは、実際に商社員と名刺交換したことがある取引先など、ステークホルダーへ企業印象調査を行ったＳａｎｓａｎと連携し、各社の特徴を表す単語をワードクラウドの形式で抽出。5大商社の社風と実力をご案内したい。

伊藤忠商事

飲む　バイタリティ
リーダーシップ　無駄　プライド
関西　エリート　アグレッシブ　ノリ　逞しい
自由　中国
原料　商売人　食品　商人　ザ・商社　勢い　裁量
給料　三方よし　野武士
会長　カネ　青山　繊維　アパレル
リスク　戦力　体育会系
偉い　気風　利益追従
活力　大阪商人　戦闘力　岡藤　利益　貪欲　早朝　個々
現実的　無数　商売　近江商人　人情
ファッション　伊藤忠　ファミマ!!　業績
泥臭い　体力　出勤　精神　攻め　お金
ユーモア　立派　ライセンス
行動力　1人

純利益	4014億円▶5500億円
従業員数	4261人
主な投資先	ファミリーマート／CITIC
時価総額（PBR）	5.2兆円（1.46倍）

三井物産

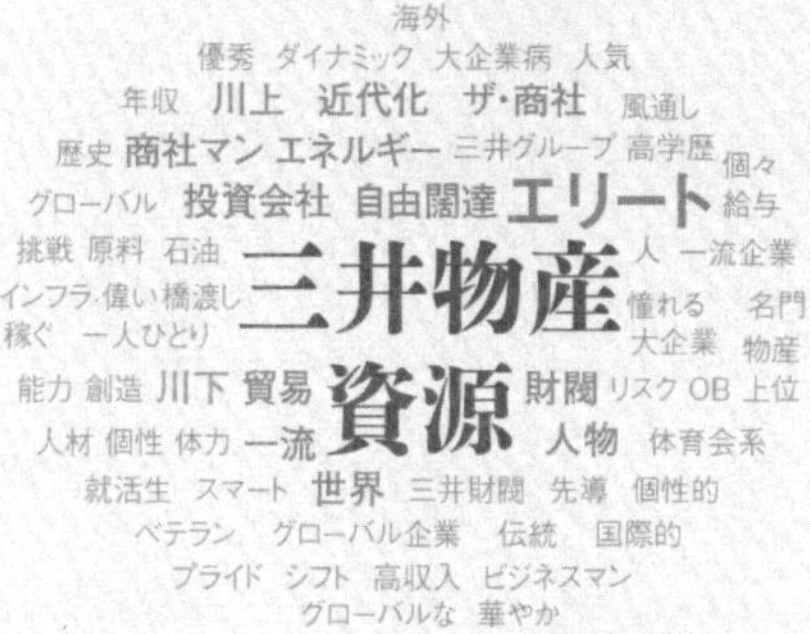

純利益	3354億円 ▶ 4600億円
従業員数	5676人
主な投資先	LNG／鉄鉱石／機械・インフラ
時価総額（PBR）	4.0兆円（0.87倍）

丸紅

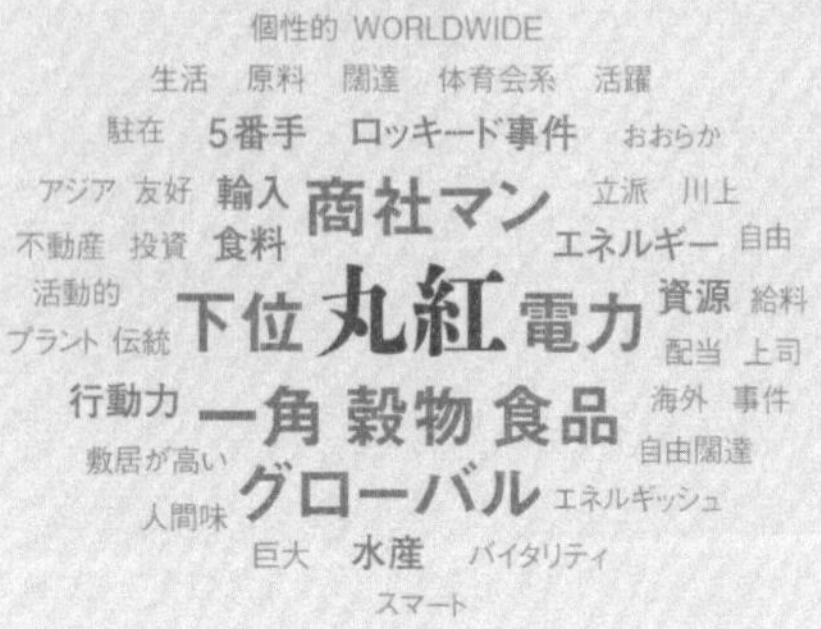

純利益	2253億円▶2300億円
従業員数	4404人
主な投資先	穀物・食料／電力
時価総額 (PBR)	1.6兆円（1.01倍）

（注）純利益は2021年3月期と22年3月期予想。従業員数は単体、20年3月末時点。時価総額、PBRは5月14日終値。▲はマイナス。ワードクラウドはSansanの企業ブランド調査「Eight Company Score」から自由記述文のワードを抽出。文字の大きさは頻出度に比例

三菱商事

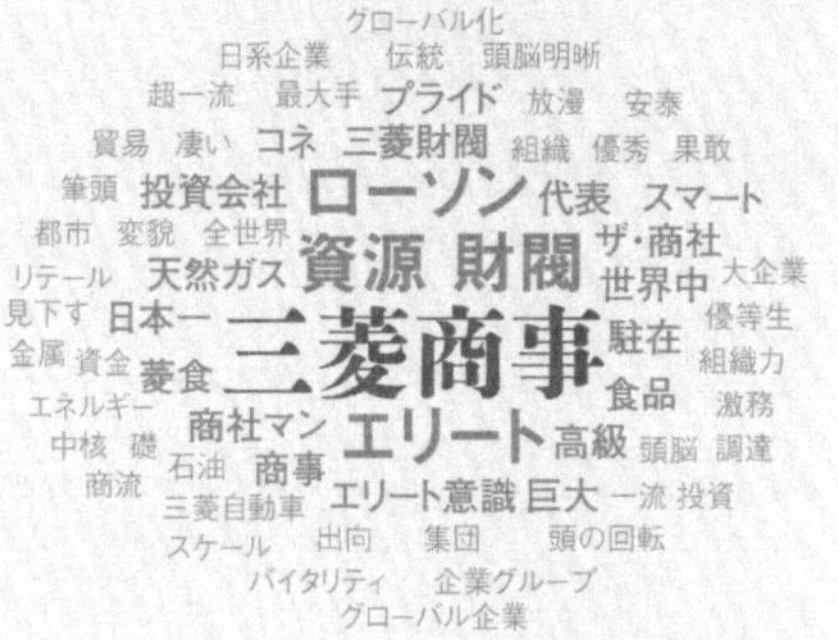

純利益	1725億円▶3800億円
従業員数	5882人
主な投資先	ローソン／豪州原料炭／三菱自動車
時価総額（PBR）	4.3兆円（0.77倍）

住友商事

上から目線
開拓 大阪商人 多様 がめつい
サラリーマン メディア 不祥事 関西 体育会系
一流 トレーディング 商人 工業団地 守り
不透明 現場
人気 温厚 住友グループ 銅 紳士
通信 知的 一般職 出資
積極的 資源 住友商事 万能 固い 商売
穏やか 儲かる 石橋 年収 リスク
素材 慎重 臨機応変
人情味 財閥 商事 エリート 手堅い
不動産 仲介手数料 ケーブルテレビ 歴史
男性 アグレッシブ グローバル スマート
かっこいい 大企業

純利益	▲1530億円▶2300億円
従業員数	5207人
主な投資先	J:COM／SCSK／不動産
時価総額（PBR）	1.8兆円（0.75倍）

強烈な個性が業績牽引

財閥系商社を押しのけ、ダークホースとして商社の新たな顔となったのが伊藤忠商事だ。その社風を一言で表すなら「カネにうるさい関西の商人（あきんど）」。財閥系商社と異なり、大口顧客である電力・鉄鋼会社とのパイプが弱く、資源権益で大儲けをできなかった。その分、祖業の繊維やファミリーマートをはじめとした生活産業、中国での事業展開などに強みを持ち、非資源ビジネスで強力な地歩を築いた。

中興の祖と呼ばれた第5代社長の越後正一氏をはじめ、強いリーダーが出てくると勢いよく伸びるのが同社の特徴。現在の飛躍は、2010年に社長に就任した岡藤正広会長の強烈な個性が牽引していると言っても過言ではない。

2021年3月期は、純利益と時価総額、株価で商社トップとなる「三冠」を達成したことを喧伝。各社で発行済み株式数が異なるため1株当たりの株価は本来横の比較には向かないが、そんなことはお構いなし。財閥系商社への対抗心をむき出しにし、わかりやすい経営目標を掲げて全社員の方向を1つにするのが岡藤会長の本領だ。

5社の中で最も社員数や連結対象企業数が少なく、経営理念である「か・け・ふ（稼ぐ・削る・防ぐ）」を徹底。今中期経営計画では、「商社史上初の6000億円」を目標に掲げ、三菱商事が19年3月期にたたき出した純利益5907億円を抜くことに血道を上げる。

「人の三井」を合言葉に、一騎当千の営業要員を抱えるのは三井物産だ。鉄鉱石、LNGをはじめとした資源事業を起点に、港湾・輸送インフラや電力まで丸ごと投資するダイナミックな「国攻め」を得意とする。中でもロシア、ブラジルへの人、カネの張り方は商社随一だ。

足元は鉄鉱石や銅の歴史的高値を追い風に、22年3月期の純利益は4600億円と過去最高を見込む。ただ資源事業（金属・エネルギー部門）の利益構成比が6割超と高く、商品市況に応じて業績は浮き沈みをしやすい。業界内で「資源一本足の三井」と揶揄されるゆえんだ。

同じ財閥系商社の三菱商事とは、資源案件で共同出資することが多く、ライバルである一方、認め合う仲でもある。近年は、アジアの病院事業やインドネシアの新興財閥に投資するなど、アジアの成長を取り込む戦略を加速する。

「人の三井」に対して、「組織の三菱」と呼ばれるのが三菱商事だ。総資産は伊藤忠商事や三井物産のおよそ1・5倍、単体従業員数も商社最大。豊富な資金力をバックに、豪州原料炭、LNG、ローソン、タイでのいすゞ車販売などドル箱事業を多数擁する。資源権益にも非資源分野にも厚い事業基盤を持つ総合力が最大の売りだ。

「エリート集団」とのイメージが強く、商社業界内でも人材の質は随一といわれる。実際、20年11月に実施されたSansanの企業印象ランキングでは、ブランドの魅力や製品・サービスの有用性、人の好印象の3項目でいずれもトップ評価になっている。

■三菱商事が好評価 ―取引先から見た企業印象ランキング―

順位	社名	総合点	ブランドの魅力	製品・サービスの有用性	人の好印象
1	三菱商事	7.46	8.06	7.21	6.89
2	三井物産	7.18	7.74	6.87	6.75
3	住友商事	7.14	7.56	6.85	6.89
4	伊藤忠商事	7.04	7.44	6.97	6.49
5	丸紅	6.75	7.13	6.50	6.50

(注) 2020年11月調査。Eightユーザーを対象とした、企業とつながりのあるビジネスパーソン集団(ステークホルダー)への企業印象調査。0～11の11段階で評価し平均値を算出、総合点は各項目の加重平均
(出所) Sansanの企業ブランド調査「Eight Company Score」を基に東洋経済作成

三菱グループの根本理念である「三綱領」を順守し、とくに処事光明（フェアプレーに徹する）への意識は高い。新卒採用の場でも、他社がインターンシップ（就業体験）の途中や6月1日の面接解禁日に早々に内々定を出すのが一般化する中、三菱商事の人事・採用担当者は「絶対にそうした採用は行わない。他社を全部見てから三菱に来てほしい」と横綱相撲だ。

長年、時価総額と純利益でトップに君臨してきたが、この1年間は石炭市況の悪化のほか、コロナ禍による三菱自動車やローソンの不振など、グループ企業の収益悪化に直面した。21年3月期は純利益1725億円で商社4位、22年3月期計画値も3800億円で商社3位と冴えない。盟主の座を奪還できるか、正念場が続きそうだ。

就職するなら住友商事？

5大商社とひとくくりに言っても、時価総額4兆〜5兆円台の上位3社に比べて、住友商事と丸紅の2社は時価総額1兆円台後半とその差は歴然となっている。いったい何が分かれ目になったのか。

住友商事の事業構成のバックボーンを象徴するのが、「浮利を追わず」というグループ精神。投資先には食品スーパーのサミットや、ケーブルテレビのJ:COMを運営するジュピターテレコム、ITサービス大手のSCSK、祖業の不動産など、手堅い商売を手がける事業会社がずらりと並ぶ。

伊藤忠商事と同じ関西系だが、働き方・報酬に関するデータで両社の社風を比較すると好対照をなす。「厳しくも働きがいのある会社」がモットーの伊藤忠商事は、ひと月当たりの平均残業時間が約35時間と業界最長、その代わり、岡藤会長の報酬は年間約6・3億円と5社のトップの中で断トツ。その報酬額が象徴するように処遇にはメリハリをつける。

一方の住友商事は平均残業時間が8時間弱と5社で最も短い。「年間16日間の有休取得キャンペーンが徹底されており、コロナ禍以降は社員の8割がテレワーク」(住友商事の若手社員)。業界では「まったり働くなら住商」と呼ばれる。

■働き方・待遇にも5社の個性が表れる

	三菱商事	三井物産	伊藤忠商事	住友商事	丸紅
40歳平均年収（万円）	**1551**	**1338**	1509	1369	1394
残業時間（H／月）	25.1	19.1	**35.4**	**7.8**	19.0
有休取得年平均（日）	12.9	14.0	**12.3**	**17.1**	12.7
3年後離職率（%）	6.7	**8.2**	6.7	**5.1**	NA
トップの報酬（億円）	5.31 垣内威彦 社長	3.09 安永竜夫 社長	**6.32** 岡藤正広 会長CEO	2.04 兵頭誠之 社長	**2.01** 柿木真澄 社長

（注）2020年3月期。40歳平均年収は東洋経済推計値。3年後離職率は17年4月入社者のうち、20年4月1日に何人離職していたかの割合、NAは未回答。トップの報酬は当時の肩書、株式報酬や積み立て型退任時報酬なども含む
（出所）『就職四季報2022年版』や各社有価証券報告書、取材情報を基に東洋経済作成

ただ手堅い社風の一方で、特定の大型案件で時に大コケする特徴も。過去に巨額損失を出した北米のシェールオイル案件や、労働環境問題が疑われたフィリピンのバナナ事業からは近年撤退。21年3月期は、アフリカのニッケル事業などで損失を出し、過去最大の赤字に沈んだ。不振事業の撤退・立て直しを急ぎ、23年度に3000億円以上の純利益の回復を目指す。

時価総額で万年最下位ながら、特定の事業領域に強みを持つのが丸紅だ。同社の花形といえば、電力持ち分容量で商社トップの電力・インフラ部門と、取扱量ナンバーワンを誇る穀物部門の2本柱。19年に就任した柿木真澄社長も電力部門出身だ。農業資材や紙パルプなど素材分野でも強みを持つ。

戦前の発祥は、近江商人である伊藤忠兵衛が大阪に出店した「紅忠（べんちゅう）」で、伊藤忠商事と同根。かつては三菱、三井と並ぶ名門「3M」の一角と呼ばれたが、1976年のロッキード事件を機に、アグレッシブな姿勢が失われたとされる。

13年に約2700億円を投じて買収した北米の穀物集荷事業ガビロンなどが不振

で、20年3月期は過去最大の赤字に転落。一時は財務が悪化したものの、住友商事より一足早くウミ出しを行い、足元の業績は回復基調だ。痛手を被った大型投資を反省し、自然体での成長に転じている。

（秦　卓弥）

激変する商社員のキャリア

総合商社のビジネスが大転換する中、商社パーソンの一生涯のキャリアにも大きな地殻変動が起きている。6月1日に面接が解禁される5大商社の就活戦線でも、従来とは異なるアプローチで選考が進んでいる。

よく知られているように、総合商社は海外で活躍できる、経営人材になれる、高給取りといったイメージが強く、今も昔も就活生の人気が高い。中でも伊藤忠商事は就職情報サイト・マイナビの２０２２年卒ランキングで4位と商社業界で群を抜く。

コンビニやアパレル、食料など消費者に身近なビジネスを行っているほか、脱スーツデーや朝型勤務の導入など働き方改革も積極的に打ち出している。２１年4月1日の入社式ではコロナ禍において桜３００本を設営するサプライズ演出を実施し、話題となった。

本誌の取材によれば、5大商社の22年卒の本エントリー数（エントリーシートなどを提出した数）は、少ないところで3000人から人気商社で6000人程度。ここ数年間大きな変化はなく、商社の就職人気は高水準が続いている。一方、近年、総合職の採用数は明らかに縮小傾向となっている。

採用数は5年で2割減少

21年卒の総合職採用数は、5社合計で552人。商品市況急落の「資源ショック」が起きた16年卒の702人をピークに、2割超も減少しているのだ。

ますます狭き門に —5大商社の総合職採用数—

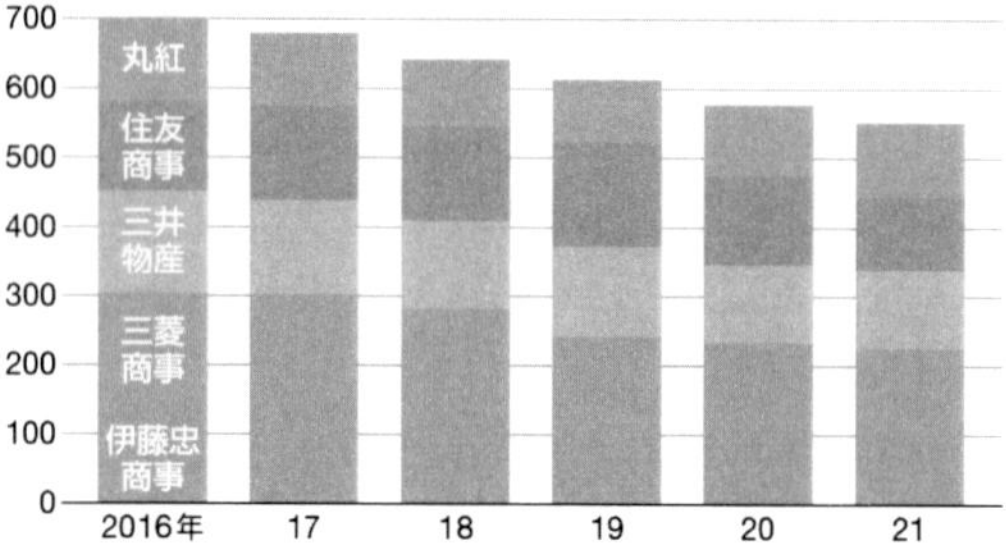

(注)各年3月期
(出所)『就職四季報』、2021年は各社HPを基に作成

中途入社が急増 —5大商社のキャリア採用数—

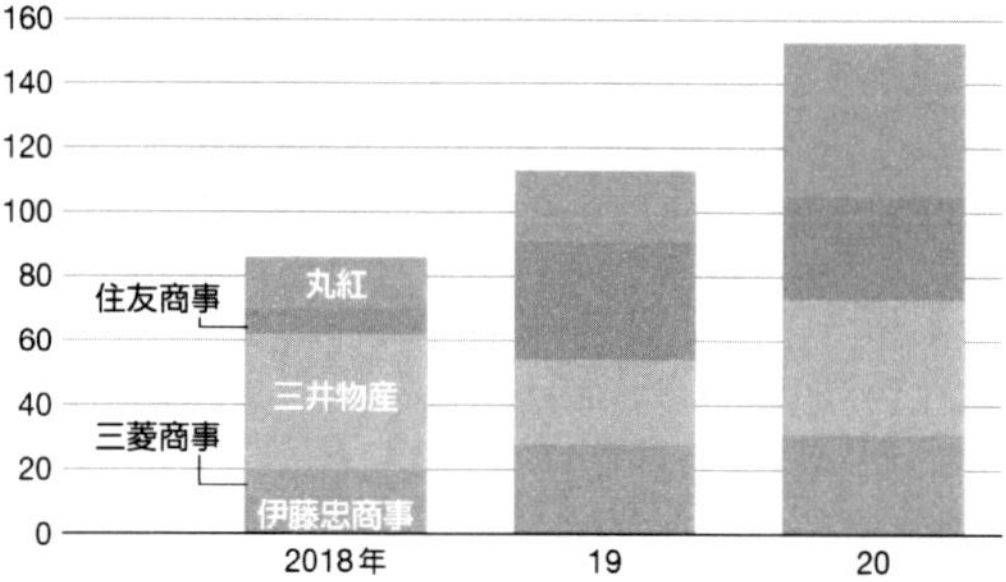

(出所)各社サステナビリティレポートを基に東洋経済作成

この理由について各社事情は異なるが、共通項としてあるのは、商社のビジネスの主軸が人手のかかるトレーディングから比較的規模の大きい投資先の事業経営へと移ったため、営業現場から人員数拡大が求められなくなっていることだ。「デジタル分野をはじめ高い専門性を持つ人材の現場ニーズが強く、キャリア採用に力を入れている」(住友商事の稲田浩之採用チーム長)という声も上がる。実際、キャリア採用の5社合計数は、18年3月期の86人から20年3月期の153人へとわずか2年で8割近く増加している。

ただ「世代間のバランスを取るため、一定程度の新卒採用は継続したい」(稲田氏)。22年卒の総合職採用数は、各社とも20年と同水準の100〜120人を計画(三菱商事と丸紅は計画数非公表)。単純倍率でおおよそ30〜60倍と、狭き門での選考になりそうだ。

コロナ禍の異常事態が続く中で、1次、2次面接はオンラインで、最終面接に当たる3次面接は対面を予定している企業が多い(伊藤忠商事は2次面接から対面面接の予定)。三菱商事の田中裕美採用チームリーダーは、「コロナ禍で留学などの行動のチャンスが減った学生が多い。経験の派手さではなく、本質的な部分を面接で掘り下げて質問していきたい」と話す。

一方、いわゆる「求める人材像」には大きな変化はないという。「三菱商事が求めるのは、経営人材に必要な事業構想力と実行力、高い倫理観。そのポテンシャルがあるかどうかを判断する」（田中氏）。

「伊藤忠は生活消費関連で現場の方とよく接触するので、お客さん目線で仕事を進める人が活躍している。また少数精鋭の会社の中で自立して動けるかどうか、そういうところを学生に求めている」（伊藤忠商事の金山義憲採用・人材マネジメント室長）。各社の経営理念やビジネス内容にマッチする学生が見極められているようだ。

通常選考とは別に、特異な能力や素質を持つ学生の一本釣りを目指す商社も現れてきた。21年3月、三井物産が初めて実施した「三井DXビジネスコンテスト」というインターンシップ（就業体験）では、デジタル技術に関する開発・研究実績のある学生24人が6グループに分かれ、10日間でDXを活用した新規事業を発案し競い合った。同インターンは採用に直結することを明確にしており、デジタル人材の獲得につなげる狙いだ。

住友商事が19年から始めた「デザイン選考」では、約1700人の応募者がオンライン試験を受けると、各人のアイデアの創造力がスコアリング（数値化）される。その上位者を対象にデザイン思考のワークショップを行って、毎年6〜7人（総合職内定者の5〜6％）に内定を出している。6月の通常選考に落ちても、7〜8月に実施されるデザイン選考を併願可能で、実際に一度落ちてから内定した学生もいるという。新規事業の構想力が求められている。

丸紅は、この分野なら誰にも負けないという強みを応募資格とする「ナンバーワン採用」を実施。採用・人財開発課長を務める許斐（このみ）理恵氏は「総合商社は100年超の歴史の中で、時代の変化を先取りしてきた先兵。ただ、今は変化のスピードが速く、より多様性や個別性を重視している」と、とがった人材を採用する背景を話す。

丸紅は21年1月、女子学生の総合職採用に対しても一石を投じた。柿木真澄社長の肝煎りで、24年までに新卒総合職の女性採用比率を4〜5割に引き上げることを宣言したのだ。各社の総合職の採用比率は、志望者の比率とだいたい同じで女性3対男性7。女性幹部比率も低く、人材の多様性は長年商社の課題だった。「男子学生が不利になる逆差別という見方もされたが、（男女で採用基準の）げたを履かせるつもりはない」（許斐氏）。

あえて数字目標を示すことで、商社への就職を志望する女子学生の母数引き上げを目指す。ただ現在のところ他商社はこうした数字目標を掲げるのには慎重姿勢で、追随しないもようだ。

生涯所得がおおよそ5億円超になる総合職の商社員を各社100人強採用する新卒採用は、500億円規模の新規投資と同じ。会社側も「社員総出で面接に当たる」と本気だ。しかし、せっかく採った粒よりの人材が入社数年で次々に辞めていく。近年、そんな異常事態が現場で起こり、人事担当者の悩みの種になっている。

『就職四季報』や本誌取材によると、15年の3年後離職率（12年入社組が15年に何人離職したかの割合）は1〜4％台だったのが、20年（17年入社組）は5〜8％台に上昇。丸紅は非回答だが、「入社5年の総合職の同期約100人のうち2桁が転職した」（丸紅の20代社員）。若手の離職は明らかに増加傾向だ。一体何が起きているのか。

■ 若手商社員の転職が増加傾向 ―5大商社の3年後離職率―

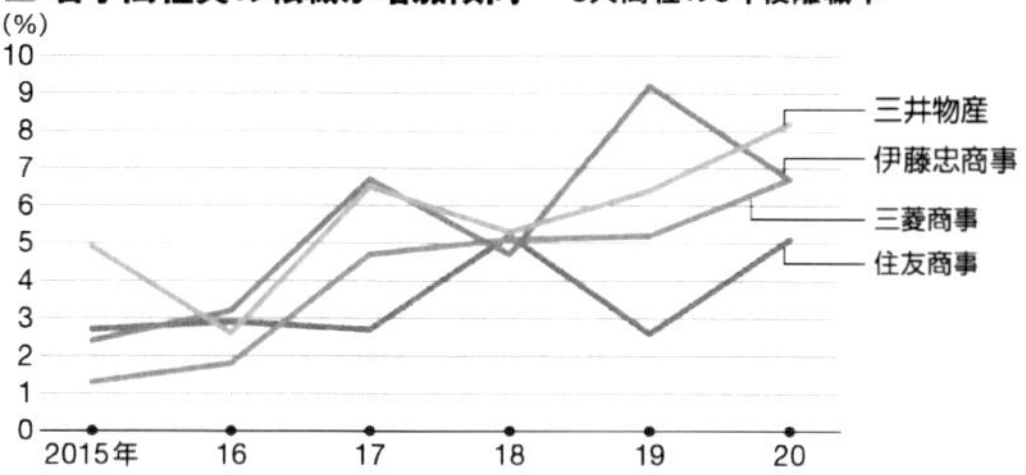

(注)2020年の場合は17年4月入社者のうち、20年4月1日に何人退職していたかの割合。丸紅は非回答　(出所)『就職四季報』各年版、取材情報を基に東洋経済作成

総合商社といえば初めて配属された部門を「背番号」と呼び、繊維なら繊維、化学品なら化学品と基本は同じ背番号の中で、入社8～9年間に3つの部署に配属、人によっては語学研修生などを経験。四大卒なら30歳すぎで管理職へ昇格するという横並びの出世コースが常識だった（商社で言う管理職とは、一定以上の社内等級のことで課長ポストなどとは別）。

だが、言ってしまえば20代は下積み期間。「かつてはトレーディングの小さな商いで若手でも一定の裁量を持って仕事を覚えられたが、今は投資先の管理で資料作りばかり。20代で主体的に動ける機会は少ない」（三菱商事の中堅社員）。部門による縦割り意識が強い総合商社では、初期の配属部門によって一生関わる商材や上司が決まるいわゆる「配属リスク」も大きいとみられてきた。

これに対して、短期間での成長志向が強い20～30代の若手社員が転職を選ぶケースが増えているようだ。「昔は体育会系採用ばかりだったが、最近の新入社員を見ていると賢いやつが多い。面接官をやったら、体育会の学生はよく見えるから割り引いて評価してくださいと人事部に言われてしまった」（伊藤忠商事のベテラン社員）。

商社員の転職先に経営コンサルティング会社や投資銀行、ベンチャー企業などが多いのは、採用している学生層が重なるようになったためとも考えられる。

年功序列から成果主義に

各社ともこうした時代の流れに対応すべく、内定後の配属面談を強化したり、評価面談とは別に年に1回のキャリア面談の機会を設けたりするなど、「昔と比べると過保護と言ってもいいぐらい、かなり気を使って対応している」（三菱商事の下村大介人事部長代行）。

下村氏によれば、「今の商社は、必ずしも1つの背番号のキャリアではなくなってきた」という。DX（デジタル化）など部門の垣根を越えたテーマでは、さまざまな背番号出身の社員がタスクフォースを組んで1つのプロジェクトを行う。自分から手を挙げて背番号を異動する「キャリアチャレンジ制度」も活用し、三菱商事では現在、単体社員6000人弱のうち、600人が初期配属とは違う部門グループに所属しているという。

より顕著なのが、一人ひとりの成長スピードに応じた育成期間の短縮と早期抜擢だ。三井物産は21年4月の人事制度改定で若手の管理職登用を従来の入社10年目から2年早めて最短で8年とした。

同時に住友商事も従来8年横並びだった管理職登用時期を最短5年にできるように人事制度を改定。管理職層の等級も年次に応じた階段型ではなく、担う職務の重要さに応じて昇降する欧米型の職務等級制度に大幅転換した。

■ より成果主義の人事報酬体系に —住友商事の新旧人事制度—

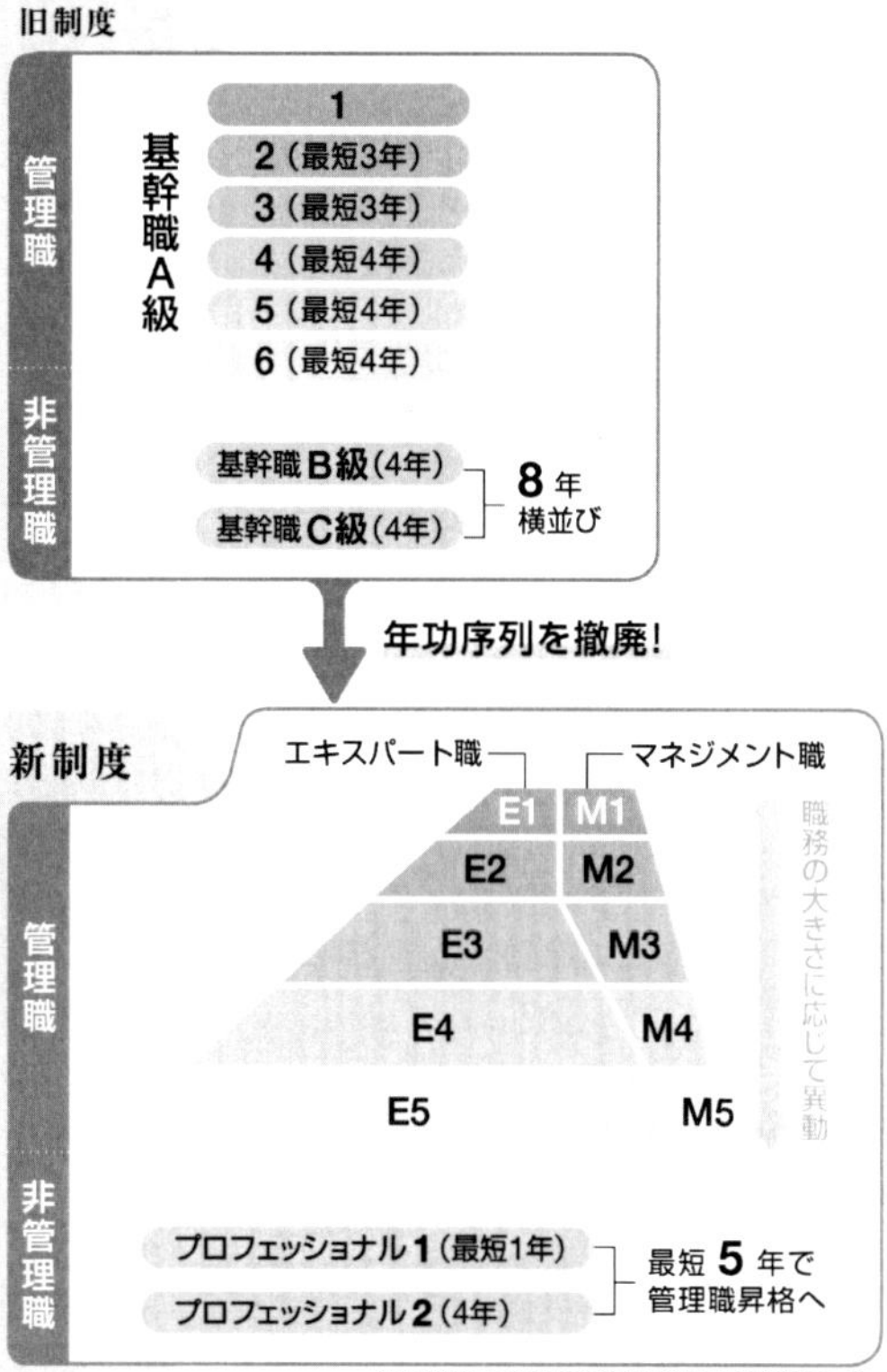

（出所）住友商事の資料を基に東洋経済作成

新人事制度策定に携わった井上尚幸グローバル人材マネジメント部企画チーム長によれば、「最低限の育成期間である最初の4年を除いて、年功序列の概念は全面的に廃止するという考え。もうプロだよねという人材には、成長スピードに応じたチャンスを与える」。逆に大器晩成型の若手社員はこれまでと違って、「管理職となるのに9年以上かかるケースも出てくるかもしれない」(井上氏)。

各社とも意識するのは若手の定着のみに限らず、成果主義導入による中堅・ベテラン社員も含めた全社員の活性化だ。

三井物産は現在労働組合と交渉中だが、管理職層を対象に、「エキスパート」コースと呼ぶ高度な専門性を持った人材を処遇する新制度の設立を検討している。これまではある一定の年次になると管理職としてマネジメント業務も求められたが、「特定の商材や語学、地域のプロには、組織の長ではなくエキスパートとしてその道に特化してもらいたい」(平林義規常務執行役員人事総務部長)。

報酬は成果に連動して上がるようにする一方、緊張感を持たせるために降格もある仕組みにする予定だ。「昔はみんなが部長を目指したかもしれないが、今はキャリア志向が多様化している。年次に関係なく、誰でも腕一本で部長級の処遇に到達できるような制度にしたい」（平林氏）。

　19年度に20年ぶりの人事制度変更を行った三菱商事は、10年目以降の管理職を対象に、資格や年次にこだわらず経営人材への抜擢がありえる仕組みを導入した。垣内威彦社長は、「今はデジタル化の時代、30代のほうが強ければ抜擢することは大いにある」と話す。

　今や転職は若手に限らず、中堅・ベテランの商社員にも広がりつつある。三井物産の安永竜夫会長は以前から「出入り自由」と公言、会社非公式のアルムナイ組織（退職者の集まり）である「元物産会」のイベントに、現役の三井物産幹部が参加するのも当たり前。

　一度は三井物産を飛び出した社員が復職し、部長級に就任する事例も出てきた。19年に会社公認のアルムナイ組織を設立した住友商事は退職者が交流できる専用サイトを開設。21年、丸紅も同様の組織を新設する予定だ。

　特定の商材に依存せず、時代に合わせて事業形態を変えてきた商社にとって人はすべての資本。優秀な人材を活躍させられるかどうかが商社の浮沈に関わるといっても過言ではないだろう
（秦　卓弥）

「商人なら外に飛び出せ！」

画一的なキャリアがなくなる中、商社員は活躍のフィールドをどこに求めたらいいのか。商社から独立し活躍する、3人のOBが贈るメッセージ。

【住友商事OB】若い人をどんどん抜擢せよ（瀬戸欣哉）

総合商社はよくコングロマリットディスカウント（複数の産業部門を持つことで企業価値が低くなること）と批判されるけど、だからここまで生き延びられてきた側面もある。そして各部門で急な坂を上っていくために、優秀な人材をそろえて頑張ってきた。

今の商社はトレードではなく事業経営で儲けている。投資先に人を出して、トップでなくともナンバーツーとして経営に参画することはよくある。それを何回か繰り返すとやはり能力は上がる。

ただ、日本のいちばん優秀な人材が商社に集中しているのは、日本全体として「ちょっともったいないな」という考え方もある。5年くらい経ったら外に出してあげるというのも十分ありだと思う。

個人的に自分の能力が最も高かった時期は10～15年前。住友商事の鉄鋼部門から米国のビジネススクールに行き、40歳でＭｏｎｏｔａＲＯの前身企業である住商グレンジャーを創業してからだ。社長業ほど能力を伸ばせることはほかにない。そうした機会を（若い商社員にも）どんどん与えて、うまくいったらもう1回、ダメだったら「もうちょっと勉強して」ということがあっていい。

仕事の成熟度からいうと日本人の40歳は米国人の30歳ぐらい。なぜ差が出るかというと、米国では若いときからチャンスを与えられて戦っているからだ。多くの日本人は30代になるまで戦う機会がなく、（4年制大学卒業時の）22歳からあまり成長していない。

住友商事が若手を早く起用しようとするのはいいことだと思う。さらに言うなら、その中から女性を責任のあるポジションに就けるのがもっと重要。人口の半分は女性で、商社だって世界中のユーザーに売っているわけだから。

商社が今のシステムの中で幹部社員を選んでいくと、女性候補はすごく少ないはず。均衡を取ろうと思ったら、ますます若い人にチャンスを与えないといけない。

瀬戸欣哉（せと・きんや） LIXIL 社長 兼 CEO
1983年住友商事入社、鉄鋼部門に配属。2000年にMonotaRoの前身である住商グレンジャーを創業し、翌年代表取締役社長に就任。16年にLIXIL代表取締役社長兼CEO、18年にCEO退任後、19年に復帰。

【伊藤忠商事OB】年下の起業家を支援すべし（川口典孝）

僕が伊藤忠商事に入社したのは１９９３年。当時の同期の多くは３０年近く１つの会社にいる。彼らだけでなく５０歳を過ぎた商社員みんなに僕が伝えたいのは、残りの人生でたとえ年収が半分以下になっても、才能あふれる若い起業家のために商社を飛び出して人生を懸けて支えてほしいということだ。

出世競争の中でみんながみんな、商社の中で最前線にいるわけではなく、会社でくすぶっている人間もいるだろう。彼らの才能が埋もれてしまっているのはもったいない。商社の人材は読み書きそろばんができ、語学にも堪能で海外にもネットワークがある。もし今くすぶっているならば、世界に通用するスタートアップ企業の支援や若い才能の育成をしてほしい。それがこれからの日本のためになる。

僕が、『ほしのこえ』という作品の制作を進めていた新海誠に出会ったのは２０年ほど前だった。彼の才能にほれ込み、この若い才能を開花させるためにどうすればよいか考えた。３３歳で伊藤忠を辞め、今のコミックス・ウェーブ・フィルムの前身の会社に転籍した。迷いがなかったというとウソになるが、彼らを放っておけなかった。そこから、３７歳で1億円以上の個人名義の借金を負ってＭＢＯ（経営陣による買収）

により独立。あの判断がなかったら新海映画を世に出せなかったかもしれない。商社を飛び出してからも伊藤忠が好きだ。世界中にネットワークがあり今でも先輩に助けてもらっているし、商社マンだった経験も生きている。

アニメーション制作は、賭けだ。公開する3年後を見据えて作り、完成したときには収支は赤字。ヒットするかわからない。幸いにも、映画『君の名は。』『天気の子』はヒットした。今では新海監督だけでなく、若手の監督もアニメ制作ができる環境が整いつつある。安住はできないがこれからも若い才能を育てていきたい。

川口典孝（かわぐち・のりたか）コミックス・ウェーブ・フィルム 代表取締役
1993年伊藤忠商事に入社、経理部を経てコンテンツ事業部に配属。98年、旧CW社の設立と同時に出向、新海誠監督と巡り合う。2003年、伊藤忠商事から転籍。07年、MBOにより独立。『君の名は。』『天気の子』などヒット作アニメーションの制作を支える。

【三菱商事OB】「フリーの商社マン」になればいい（遠山正道）

総合商社は高度成長期やバブルのときのように大きなビジネスだけに頼る時代ではなくなっている。大きなシステムからプロジェクトへ、企業から個人への時代だ。

プロジェクトは狩猟だ。嗅覚、発想が求められる。失敗もある。でも、失敗したらまた次をやればいい。これからの商社は個人の発想、スピード、プロジェクト型にもっと慣れたほうがいい。

私は96年に三菱商事の社員でありながら自分の絵の個展をやった。上司や家族に求められたわけでもなく、始めたのに合理的理由などなかった。すべてが情熱と自己責任だった。そこで学んだのは意思表示すること。この体験の先にスープ専門店の「スープストックトーキョー」が生まれた。

会社の仕事でうまくいかないと上司や会社、クライアントのせいにしがちだ。でも、誰に頼まれたわけでもない自分の仕事は、誰のせいにもできない。

今の時代の商社の新たな働き方として提案したいのが、「フリーの商社マン」だ。メインは三菱商事だが伊藤忠とも契約を結ぶ。商社以外に電通や博報堂と契約してもいい。3社くらいと契約し、個人のネットワーク、発想、行動力でプロジェクトを仕込んでいく。

いよいよいけそうだと思ったら、どこかへ持っていく。三菱商事もいいが、ちょっと動きが鈍いから伊藤忠か、クリエーティブが大きな要素だから博報堂かな、とね。そうなると、商社も一目置かれる存在にならなければいけない。

今の商社は図体が大きくなりすぎた。扱っているお金が何十億円にもなって、身近にある発想、日常に潜む大事なもの、優先順位などがよくわからなくなる。会社にとらわれないフリーの契約なら、身近なところから世の中を変えるビジネスも見いだせるはずだ。

間口の広い商社ならそれを受け止められる。信用度、資金力からいっても商社にできることは多い。一人ひとりの商社員が自分の作品を作るように発意し、最大限に高めた価値を世の中に提示する。そんな働き方の先例を、日本の商社から始めてもいいのではないか。


遠山正道（とおやま・まさみち）　スマイルズ　社長

1985年三菱商事に入社。97年日本ケンタッキー・フライド・チキンに出向後、「Soup Stock Tokyo」第1号店を開店。2000年、スマイルズを設立し代表取締役社長に就任。08年MBOにより独立し三菱商事を退社。アーティストとしても活動。

（構成・森　創一郎、菊地悠人）

【週刊東洋経済】

本書は、東洋経済新報社『週刊東洋経済』2021年6月5日号より抜粋、加筆修正のうえ制作しています。この記事が完全収録された底本をはじめ、雑誌バックナンバーは小社ホームページからもお求めいただけます。

小社では、『週刊東洋経済eビジネス新書』シリーズをはじめ、このほかにも多数の電子書籍ラインナップをそろえております。ぜひストアにて「東洋経済」で検索してみてください。

『週刊東洋経済eビジネス新書』シリーズ

No.355 独習 教養をみがく
No.356 鉄道・航空の惨状
No.357 がん治療の正解
No.358 事業承継 M&A
No.359 テスラの実力

No.360　定年消滅
No.361　激動の半導体
No.362　不動産　勝者と敗者
No.363　弁護士業界　最前線
No.364　YouTubeの極意
No.365　デジタル大国　中国
No.366　地銀　大再編
No.367　おうちで稼ぐ！
No.368　老後マネーの育て方
No.369　製薬　大リストラ
No.370　リスクシナリオ　2021
No.371　富裕層マル秘マネー学
No.372　コロナ時代の新住宅事情
No.373　日立・三菱重工の岐路

No.374　脱炭素サバイバル
No.375　郵政崩壊
No.376　脱・ストレスの処方箋
No.377　働き方と経営の法律
No.378　コロナ倒産危機
No.379　車載半導体　争奪戦
No.380　マルクス vs. ケインズ
No.381　医療テック最前線
No.382　漂流する東芝
No.383　不動産投資　光と影
No.384　コンサル全解明

週刊東洋経済eビジネス新書　No.385
大転換の商社ビジネス

【本誌（底本）】
編集局　大塚隆史、秦　卓弥
デザイン　池田　梢、藤本麻衣、小林由依
進行管理　三隅多香子
発行日　2021年6月5日

【電子版】
編集制作　塚田由紀夫、長谷川　隆
デザイン　市川和代
制作協力　丸井工文社
発行日　2022年2月24日　Ver.1

発行所　〒103-8345
東京都中央区日本橋本石町1-2-1
東洋経済新報社
電話　東洋経済コールセンター
03(6386)1040
https://toyokeizai.net/

発行人　駒橋憲一

電子書籍化に際しては、仕様上の都合などにより適宜編集を加えています。登場人物に関する情報、価格、為替レートなどは、特に記載のない限り底本編集当時のものです。一部の漢字を簡易慣用字体やかなで表記している場合があります。本書は縦書きでレイアウトしています。ご覧になる機種により表示に差が生じることがあります。

※本刊行物は、電子書籍版に基づいてプリントオンデマンド版として作成されたものです。